나는 대학 생활이
처음인데요

나는 대학 생활이 처음인데요

초판 1쇄 발행일 2022년 03월 21일
초판 3쇄 발행일 2024년 02월 23일

지은이 장한별
펴낸이 양옥매
디자인 표지혜
교　정 조준경

펴낸곳 도서출판 더문
출판등록 제2012-000376
주소 서울특별시 마포구 방울내로 79 이노빌딩 302호
대표전화 02.372.1537　팩스 02.372.1538
이메일 booknamu2007@naver.com
홈페이지 www.booknamu.com
ISBN 979-11-6752-130-9 (03370)

나는 대학 생활이
처음인데요

장한별

지음

더문

대학생이 되며 꽃길의 로망으로 미래를 채워 본다. 가슴 설레는 연애와 낭만 가득한 여행의 주인공이 되는 장면을 그려 본다. 손꼽아 기다리던 자유와 함께 모든 것이 이뤄질 것 같은 기분이 든다. 고등학생 때 고생한 당신은 그런 로망을 꿈꾸고 즐길 자격이 있다.

그런데 안타깝게도 대학생의 현실은 차디찬 냉동고같이 느껴질 때가 많다. 꿈꾸던 CC(캠퍼스커플)는 개뿔! 과제와 시험에 치이고 학자금 대출과 알바에 치이고 취업 준비에 치이고……. 거기에 고등학생 때는 진지하게 고민하지 않았던 '나'에 대한 정체성과 진로에 대한 고민까지 얽히며 사춘기를 넘어 오춘기를 겪다 보면, 어느새 나의 한 해가 '멘탈 전치 52주'로 채워졌음을 발견하게 된다.

오해하지 마시라! 대학 생활의 로망이 현실이 될 수 없다는 이야기는 아니다. 다만 꿈꾸던 것을 진짜로 만들기 위해서는 '노오력'이 필요하다. 대학생이 되는 순간 미성년자를 탈출하면서 '자유'가 주어진다. 이전에 들도 보도 못한 큰 자유가 주어지면 막상 어떻게 써야 할지를 몰라 낭비해 버리는 경우가 많다. 캐비아로 알탕 해 먹는 대학 생활이 되지 않으려면 대학 생활을 잘 디자인하여 나의 꿈과 학점을 모두 잡는 시간으로 만들어야 한다.

대학 생활은 철저한 '셀프 서비스'이다. 고등학교 때는 해야 할 것이 명확히 정해져 있고 학교나 학원에서 시켜서 했다면, 대학생은 스스로 계획을 세우고 자신의 하루를 계획하며 꿈과 진로를 찾아가야 한다. 대학 생활 동안 성공적으로 미션을 수행하기 위해서는 '자기주도성'이 필요하다.

대학교 공부는 고등학교에 비해 다루기 까다롭다. 단순 암기를 넘어 배운 것을 활용하고 응용해야 한다. 골머리 앓으며 써야 하는 보고서와 과제가 등장하고, 시험 문제조차 이전에는 보지 못했던 서술형이 등장하여 백지를 어떤 썰로 가득 채워야 할지 고민하게 된다. 그뿐만 아니라 인간의 인내심을 테스트하게 되는 빌런들과의 조별과제가 일상이고, 교수님 앞에서 긴장되는 발표도 해야 한다.

고등학교 때처럼 단순히 외우고 나 혼자 공부하는 방식으로 대학 공부에 패기 있게 덤볐다가는 공부가 날 패는 낭패를 보기 십상이다. 아무리 좋은 앱도 처음의 버전에만 머물러 있다면 변화하는 시대에 대응할 수 없다. 당신도 이제 대학 생활에 맞추어 자기 관리와 공부법에 있어서 버전 업데이트가 필요하다.

필자는 그동안 서울대, 연세대, 고려대, 부산대, 전북대, 강원대 등 4년제 대학과 신구대, 한양여대, 영남이공대 등 전문대학, 그리고 방송대, 고려사이버대 등 원격 및 사이버대학에 이르기까지 전국의 200여 개 대학교에서 강의를 하였다. 2천 회가 넘는 강의와 행사를 진행하며 수만 명의 학생들을 만났다.

그중에는 대학생으로 버전 업데이트를 하지 못하고 학점과 생활에 빨간 불이 켜진 이들도 다수 있었다. 심지어 대학 생활이 혼돈의 카오스에 있으면서도 위기라는 것조차 느끼지 못하다가 졸업할 때가 되어서야 후회하며 피눈물을 흘리는 경우도 보았다. 필자는 강의와 코칭을 통해서 대학생들이 의지를 되찾고 정신줄을 다시 잡고 일어설 수 있도록 돕는 일을 해 왔다. 맨땅에 헤딩해서 머리 깨지는 공부가 아닌, 성취와 성장을 맛보는 효과적인 공부를 할 수 있도록 노하우를 전해 주고 있다.

이 책에는 필자가 10년 넘게 효과적인 학습 방법에 대해 교육하고 연구한 결과물이 담겨 있다. 배움의 비밀을 담은 교육학과 심리학 기반의 이론은 물론, 저명한 자기계발 전문가들의 성장 노하우, 거기에 필자가 만난 대학생들로부터 직접 보고 들은 현실적인 알짜배기 전략까지 이 책에 맛있게 버무려 놓았다.

당신에게 대학 생활의 '로망'이 있는가? 대학 생활의 '로망'은 막연한 상상이나 백일몽이 아니다. 'Roman'의 어원을 보면 사랑 이야기뿐 아니라 모험담과 꿈을 동경하는 창작 태도의 의미도 담겨 있다. 즉, 대학 생활의 로망은 막연한 공상이 아닌, 모험과 도전을 통해 꿈을 현실로 이뤄 가는 과정이라고 볼 수 있다.

나는 대학 생활이 처음인데요

이제 꿈과 학점을 향한 대학 생활의 여정을 떠나 보자! 이 책과 함께라면 당신은 공부의 날개를 달고 대학생으로 버전 업데이트를 할 수 있고, 이어서 사회인으로 클래스 전직도 원활히 할 수 있다. 어느새 당신의 대학 생활 로망은 생생한 현실이 되어 있을 것이다.

2024년 2월
대학 생활의 로망을 현실로 이뤄 갈 당신께

장한별 드림

추천의 글

김진모 교수 | 서울대학교 산업인력개발학 전공

이런 주제로 이런 책이 나오리라 생각지도 못했다. 대학 현장에서 새내기들이 겪는 많은 어려움을 유심히 지켜보고 관찰한 저자였기에, 그리고 그 어려움을 누구보다 깊이 공감하고 해답을 찾기 위해 고민했기에 이 책이 나올 수 있었던 것 같다.

초·중·고와 대학에서의 생활 방식이 너무 달라 대학에 입학하자마자 시간을 허비하는 많은 대학생들에게 이 책의 일독을 권한다. 저자만의 생생한 경험에서 나온 노하우가 대학 생활에 빠르고 효과적으로 적응할 수 있도록 이끌어 줄 것으로 확신한다.

장원섭 교수 | 연세대학교 교육학부(교육대학원장)

이 책은 세 가지 점에서 꼭 읽을 만하다. 첫째, 재치 있다. 제목부터 내용까지 다 너무나 재밌다. 그래서 한번 손에 잡으면 끝까지 술술 읽게 된다. 둘째, 유용하다. 대학 생활의 실제 꿀팁을 생생하게 알려 준다. 특히 코로나19 사태가 2년 넘게 지속되면서 선배들도 모르는 대학 생활에 대해 A부터 Z까지 안내한다. 셋째, 의미 있다. 왜 대학에 와서 공부해야 하는지를 성찰하게 한다. 그래서 평생에 걸쳐 계속 성장하는 유의미한 삶의 여정을 걸어갈 수 있는 힘을 북돋아 준다.

민혜리 교수 | 서울대학교 기초교육원 연구교수

코로나 사태에 노심초사하며 비대면 세상에서 고교 생활을 마친 여러분! 이제 대학 생활은 좀 더 활기차게, 의미 있게 보내고야 말겠다는 희망을 품은 여러분에게 대학 신입생을 위한 실용적인 활용서『나는 대학 생활이 처음인데요』를 추천드린다. 오랜 기간 대학생 학습법 강의와 기업 강의를 해 온 저자가 대학 생활을 위한 시간 관리, 대학 공부 방법과 발표 스킬 등을 이 책에 모두 담았다. 배움의 여정에 친구가 되어 줄 것이다.

김상균 교수 | 경희대학교 경영대학원(베스트셀러 『메타버스』 저자)

"대학에 들어오니 고등학교 시절과 달리, 무엇을 어떻게 공부할지 모르겠습니다." 대학 새내기들로부터 자주 듣는 말이다. 정해 준 학급, 미리 짜인 시간표, 입시라는 하나의 목표. 대학 입학 전까지 이런 환경에서 공부해 온 이들에게 꽤 많은 자유와 다양성이 제공되는 대학의 학습 환경은 참으로 낯선 환경이다. 적잖은 학생이 자신의 방향성과 전략을 찾지 못하고 헤맨다. 마치 오픈월드게임을 처음 접하는 플레이어 같다. 장한별 저자의 책이 그런 이들에게 좋은 지침서가 되어 주리라 기대한다. 이 책을 통해 우리 학생들이 배움의 여정을 멋지게 그려 나가리라 믿는다.

이호선 교수 | 숭실사이버대학교 기독교 상담복지학과 학과장(방송인, 상담전문가)

성인의 첫 문턱을 넘어 새로운 아카데미아 세계로 온 서툰 걸음에 길잡이가 있다면 얼마나 좋을까. 인생의 정글에서 길을 잃을 때 지도가 우리에게 힘이 되듯, 장한별 작가는 캠퍼스 새내기들 손에 입체적인 지도를 쥐어 주었다. 각 장마다 마치 메타버스에서 신세계를 시뮬레이션하듯 현미경처럼 세밀하게 설명하고 직접 현장을 안내하며 독자의 손을 잡고 이끌어 주고 있어 책장을 넘기는 것이 아니라 장면을 바꾸어 가며 연속 클릭을 하는 기분이다. 자유롭게 줌인과 줌아웃을 반복하며 세부와 전체를 촘촘하게 연결하는 기분은 마치 신기한 스쿨버스를 탄 것 같다. 세세하고 친절한 설명 중간중간에 제공하는 대학 생활의 꿀팁은 여행자에게 주는 선물용 롤리팝 같고, 관계 기술까지 선사하며 캠퍼스의 낭만을 꿈꾸게 하니 이 책은 그야말로 대학 생활 백과사전이자 대학 구글이다.

류광열 교수 | 부산대학교 산업공학과(교수학습지원센터장)

무려 12년이라는 긴 시간 동안 학생들은 원하는 대학을 꿈꾸며 공부해 왔다. 막상 대학생이 되면서부터 대다수 학생들은 들고 다니던 영어 단어장을 손에서 놓고, 무엇을 위해 공부했는지에 대한 목표가 사라지며, 앞으로의 무한한 자유만을 꿈꾼다. 하지만 대학 생활은 또 다른 새로운 시작이다. 자신의 실력과 재능을 높이며, 적성에 맞는 직업을 찾아야 하는 원대한 숙제가 있다. 기존과는 너무도 다른 대학 생활에 적응하는 것은 어렵다. 누군가 나에게 꿈을 찾아 내 역량을 높이기 위해 어떻게, 무엇부터 해 나가야 할지 차근차근 알려 주면 참 좋을 것이다. 이 책이 바로 그러한 멘토로서 여러분에게 다가올 것이다. 여유로울 것만 같은 나의 시간을 어떻게 활용하면 좋을지, 대학에서의 공부와 리포트, 발표는 어떤 식으로 하면 되는지 차근차근 알려 줄 것이다. 어떤 선배도 알려 주지 못할 깨알 같은 노하우, 전수받을 준비가 되었는가?

백재은 교수 | 신구대학교 패션디지인과(교수학습개발원 원장)

이 책을 통해 같은 시대를 살아가는 대학생들의 생각과 경험을 만날 수 있었다. 저자만의 위트 있는 표현과 적절한 예화로 많은 부분에서 웃으며 공감하였고, 전문적인 내용에서는 신뢰함으로 고개를 끄덕였다. 대학 생활을 시작하는 이들이 이 책을 읽으면서 때로는 즐겁게, 때로는 현실감 있게 새로운 환경을 이해하고, 출발에 대한 설렘과 함께 찾아오는 두려움을 극복하기를 바라며, 이 책이 대학 새내기들의 좋은 메이트가 되어 주길 기대해 본다.

이재은 교수 | 상지대학교 생애개발상담학과(교수학습개발센터장)

어느 시기이건 어떤 영역이건 경계를 넘어선다는 것은 참 힘든 일이다. 그래서 새는 죽기 살기로 알을 깨고 나오고, 사춘기 중2병은

나는 대학 생활이 처음인데요

그렇게도 고되며, 청소년도 성인도 아닌 대학생은 갈팡질팡 오리무중이다. 이 책은 '눈높이 학습'이라는 수식어가 제격이다. 교육학 전문가이지만 전문가가 취할 수 있는 어려운 용어는 일부러 배제하고 친한 선배가 술자리에서 들려주는 꿀팁 노다지로 가득 채우려 한 저자의 노력이 보인다. 올해 대학에 들어간 조카가 있다면 입학 축하 선물로 건네주어도 좋겠다. 길고 긴 평생학습 시대에 자기주도적 학습자가 되는 첫 단추를 끼우는 데 좋은 지침서가 될 것이다.

황재규 교수 | 영남이공대학교 간호학과

최근 대학 교육 혁신의 축은 '학생 역량 기반 교육 과정의 개발과 운영'이다. 이는 미래 사회 적응과 지속 가능한 교육의 관점 전환뿐만 아니라, 산업체가 요구하는 졸업생 역량 중 전공, 창의적인 사고와 문제 해결, 자기주도학습, 대인관계와 의사소통 능력 등의 해결 방안이기도 하다. 한편 대학 생활 중에는 계획과는 달리 현실에서 부딪히게 되는 문제들도 많다. 이 책에서 저자는 본인이 현장에서 교육하고 연구한 결과물과 함께 현실적이고 실제적인 전략과 문제 해결의 노하우를 전하고 있다. 성공적인 대학 생활을 원하는 모든 이에게 일독을 권한다.

Part 2. 대학 공부 스킬트리 ★

Part 4. 공부 넘어 공부 넘기

Part 1.

내 꿈, 너로 정했다!

대학 생활 첫발을 내딛다

대학 가면
생길 줄 알았죠?

로망 VS 현실

"도비는 자유예요! 핑크빛 연애도 하고 낭만의 여행도 다니고 장학금도 쓸어 가고……."

로망을 가득 담아 출발하는 당신에게, 미안하지만 현실에 대한 이야기를 먼저 건네고자 한다. 새내기들이 갖는 대표적인 로망과 이에 반하는 현실을 살펴보자.

① 캠퍼스 커플(CC)이 된다?!

봄바람 휘날리며 흩날리는 벚꽃 잎과 함께 시작될 것만 같은 CC의 환상! 대학 가면 애인이 생길까? 우선 드라마에서 보았던 훈남·

훈녀 대학 선배는 현실에서 거의 멸종되었으므로 큰 기대를 하지 말자. 영화 같은 운명을 그저 기다리다가는 연애 한 번 없이 혼자 운명하게 될지도 모른다. 한 대학생은 'CC를 하며 2,000일 넘기는 연애를 꿈꿨지만, 막상 대학 오니 매일 맥주만 2,000cc 먹게 되어 슬프다'고 하였다. 영국 워릭 대학의 강사인 피터 배커스는 여친이 없는 이유를 고민하다가 한 번의 외출로 이상적인 상대를 만날 확률을 드레이크 방정식으로 계산한 결과 28만 5,000분의 1의 값을 얻었다. 이는 벼락 맞아 죽을 확률과 비슷하다.

② 올 A+로 장학금을 쓸어 간다?!

내가 마음만 먹고 공부하면 올 A+을 찍고 장학금 받으며 학교의 전설로 기록될 수 있을 것이라는 생각이 든다. 그런데 문제는 공부하려는 마음먹기가 어지간히도 어렵다는 것이다. 대학생이 되면서 주어진 자유를 컨트롤하지 못해 대학 생활을 소환사의 협곡(게임 '롤'의 무대)에서 보내거나 유튜브와 전 세계 드라마를 순회하며 소비하는 경우도 많다. 매일 마시는 술과 함께 현실을 잊고 '이것이 욜로인가!' 하고 즐기다가 뒤늦게 학점을 비롯한 대학 생활이 골로 가 있는 것을 발견하게 된다. 이쯤 되면 A+은 고사하고 '학사경고만 피하자'는 생각이 든다.

③ 낭만의 여행과 취미를 즐긴다?!

젊음의 자유를 누리며 추억 가득한 여행을 마음껏 즐기고, 나만의 교양 있고 우아한 취미나 여가 생활을 누리고 싶은 로망이 있을 수 있다. 그러나 대학 생활을 막상 마주하면 캠퍼스 잔디밭에서 하하 호호 하는 여유는 고사하고, 넘치는 과제와 취업 준비로 일상이 쫓기듯이 바쁠 수 있다. 등록금과 생활비도 가뜩이나 빠듯한데 그런 호사스러운 로망은 사치라는 절망감과 함께, 여유는 '잔고'에서 나온다는 현실을 발견하게 된다.

④ 축제와 친구들 가득한 인싸 생활이 시작된다?!

MT에서 만나는 인생 친구와 선배들, 내 안의 흥이란 것이 폭발하는 축제! 대학 생활은 그야말로 나를 인싸로 만들어 줄 것만 같다. 그러나 현실은 수업에 빠져도 아무도 나의 존재를 알지 못하며, 각자도생의 개인플레이와 이기적인 팀플로 인해 인간이라는 존재에 회의감을 느끼게 되기도 한다. 심지어 비대면으로 진행되는 상황일 경우라면 동기들이 누구인지 알아보지도 못하고, 좋은 모습을 보여 주기 위하여 관리하고 화장이 잘 먹어도 보여 줄 사람이 없다.

빛나는 자유(feat. 책임)

새내기들이 많이 갖는 로망에 대해 시베리아 같은 차가운 현실의 이야기를 듣고 나니, 이쯤 되면 '필자는 악마 아닌가?', '대학 생활 시작부터 초치고 재 뿌리나' 싶을 수도 있다. 사람들은 대부분 '긍정적인 사고'는 좋다고 생각한다. 그런데 '막연히 긍정적'이기만 한 것은 '막연히 부정적'인 것만큼이나 위험할 수 있다.

현실을 바로 알고 나의 노력을 기울인 다음, 이를 기반으로 과정과 결과에 대해서 긍정적인 판단을 할 필요가 있다. 아무것도 안 하고 있지만 더 격렬하고 적극적으로 아무것도 안 하고 싶은 상태에서 막연히 희망만 갖는다면 더 큰 위험을 불러올 수 있는 것이다. 대학 생활은 막연한 로망이 아닌 구체적인 현실을 만들어 가는 과정이다.

대학생이 되면서 막강한 자유가 주어진다. 소환사의 협곡을 평정하든, 오만 가지 술을 평정하든, 수업을 F학점으로 폭격하든 당신의 자유이다. 청소년 때처럼 뭐라고 하거나 제지하는 선생님도 없다. '안녕히 계세요, 여러분! 저는 행복을 찾아 떠납니다!' 하며 세상의 모든 굴레와 속박을 벗어던질 수 있을 것만 같다.

그런데 성인이 되는 순간, 자유를 피처링해 주는 친구가 등장하니, 그가 바로 '책임'이다. 대학생이 되는 순간 갑작스레 주어진 자유를 제대로 사용하지 못하고 물 쓰듯이 낭비하다가 졸업할 때 즈음에 낭패를 보는 경우가 많다. 내 인생을 설계하고 준비하는 데 내게 주어진 자유를 스스로 사용하지 않는다면, 졸업할 때는 물론 그 이후에도 눈물의 후회를 하게 될 수 있다. '막강한 자유'가 '막장의 자유'가 되지 않도록 자기 주도적으로 대학 생활을 마주할 필요가 있다.

대학생의 로망을 현실로 만드는 여정

앞서 얼어붙은 현실을 잠시 마주하였지만, 당신이 자기 주도적으로 대학 생활을 쌓아 가기 시작한다면 꿈꾸는 로망을 현실로 만들어 갈 수 있다. 캠퍼스 커플(CC)이 저절로 되지는 않지만, 스스로의 강점을 키우고 용기 있게 부딪치다 보면 핑크빛 화려한 조명이 어느새 당신을 감싸고 있을 것이다.

대학 수업에 맞는 공부 방법을 익히고 자신을 관리하다 보면 기분 좋은 학점과 든든한 전공 지식을 얻을 수 있다. 목표 설정과 시간 관리를 지혜롭게 하면 나를 제대로 알게 됨은 물론, '내 동료가 되라'고 손잡는 소중한 평생 친구를 얻으며 함께 성장해 가는 기쁨을 맛볼 수 있을 것이다.

로망(Roman)에는 사랑 이야기, 낭만적이라는 뜻 외에도 모험과 창작에 대한 의미도 담겨 있다. 대학 생활의 로망은 막연히 '잘될 거야'라고만 여기는 수준이 아니라, 직접 모험하고 도전하면서 꿈을 생생한 현실로 만들어 가는 레벨 업 과정이다. 아직 뭘 해야 할지 잘 모르겠고 막연해도 괜찮다. 이 책과 차근차근 함께한다면 당신의 대학 생활 로망은 어느새 가상현실이 아닌 생생한 실재가 되어 있을 것이다.

이제 리얼하게 폼 나게 당신의 대학 생활 로망을 현실로 만드는 낭만 여행을 떠나 보자!

02

두근두근 수강 계획과
수강 신청

새내기 때는 놀면 안 돼?

"1학년 때는 놀아도 돼."

"새내기 때부터 벌써 학점을 생각해? 슬렁슬렁해도 돼."

새내기인 당신 주변에서 이런 이야기가 들려올지 모른다. 청소년 때 고생하며 이제 대학생이 된 당신은 마음껏 자유를 누릴 자격이 있다고 꼬드길지도 모른다.

달콤한 거미줄 같은 이런 소리에 귀가 혹한다면 그 선배가 지금 어떠한지를 살펴보라. 현재 성실하게 잘하고 있고 사람이 '새내기 놀자판설'을 전하는 경우는 드물다. 개중에는 남들 앞에서는 슬렁슬렁하는 공부 안 하는 척하면서 뒤에서 죽어라 공부하는 문어 같은 변신의 귀재들도 있다.

학점은 장학금이나 대외 활동을 위한 조건, 조기졸업 등 여러 혜택과 관련되어 있다. 마음먹고 공부해서 조기졸업을 하려고 했는데 학점 0.1이 모자라서 못하는 경우도 있고, 장학금을 받기로 되어 있는데 학점 0.05가 부족해서 취소되는 피눈물 나는 경우도 있다.

학점 관리는 취업 준비를 위해서라도 새내기 때부터 반드시 어느 정도는 해 놓아야 한다. '어느 정도'의 명확한 기준은 없지만 최소 'B0 이상'은 되어야 한다고 볼 수 있다. 나중에 취업 준비를 하며 기업에 지원할 때, 성적 조건이 'B0 이상'이어야 하는 경우들이 있기 때문이다.

B가 안 된다면 지원조차 할 수 없게 되며, 이조차도 최소 기준이기 때문에 'B+ 이상'으로는 관리해 두기를 권한다. 삼성과 SK의 경우 서류 통과율이 학점과 정비례하는 경향이 있다고 한다. 하버드대를 나와도 학점이 3.0이면 국내 대기업 채용에서 서류조차 통과하기 어렵다.

새내기 때 놀다가 놓친 학점은 후에 재수강을 하는 방법도 있지만 여건상 늘 가능하지는 않으며, 한 학기 수업을 다시 들어야 하기 때문에 여간 시간 낭비가 아니다. 취업 준비 중에 '미리 해 놓을걸…….' 하고 대학생들이 제일 후회하는 분야 1위가 '학점 관리'이며, 학점을 가장 관리하지 못해 피눈물 흘리며 바라보는 시기가 대부분 '새내기' 때라는 것을 잊지 말자.

나는 대학 생활이 처음인데요

'대학 탈출' 미션은 누구도 챙겨 주지 않는다

졸업할 때 즈음이 되면, 꼭 들어야 되는 수업을 안 들었거나 계산 착오로 학점이 모자라는 등 졸업 요건을 채우지 못해서 문제가 되는 학생이 꼭 있다. '제발 어떻게 안 될까요?'라며 오만 곳에 물어봐도 방법은 없다. 결국 제때 대학 탈출에 실패하고 한 학기를 더 등록해서 학비를 플렉스해 버리는 안타까운 상황이 발생한다. 왜 이런 일이 생길까? 학과에서 미리미리 체크해 준다면 좋지 아니한가?

아쉽게도 대학 탈출을 위한 졸업 요건은 아무도 챙겨 주지 않는다. 사회에서는 자기 스스로 필요한 것을 알아서 챙겨야 한다. 둥지 속의 아기 새처럼 때마다 좋은 혜택을 떠다 먹여 주는 시기는 지났다. 이제 야생 버라이어티의 세계가 시작된 것이다. 학점 관리나 졸업 요건은 반드시 새내기 때부터 자기 자신이 체크해야 한다.

아무도 이것을 대신해 주지는 않지만, 물어보면 알려 줄 사람은 많다. 학사관리팀이나 학과 사무실, 또는 학과 선배에게 물어보면 헷갈리는 부분을 확인할 수 있다. '방 탈출' 게임에서 힌트를 얻듯, '대학 탈출' 미션 성공을 위해 주저 없이 물어보고 확인하자.

졸업을 위한 수강 계획 세워 보기

졸업까지 채워야 하는 학점이 얼마인지, 필수로 꼭 들어야 하는 과목이 무엇인지, 그 밖에 따야 하는 자격증이나 점수가 있는지 등을 확인한다. 1차적으로 학과 홈페이지나 OT 자료 등을 참고한다.

졸업까지 필요한 학점을 확인했다면 1학기부터 시작해서 몇 학점씩을 들을지 계획해 본다. 4년제는 140학점 내외, 전문대는 80학점 내외인 경우가 많으며 학교나 학과에 따라 다소 다를 수 있다. 만약에 졸업을 위해 140학점을 들어야 하고 4년(8학기)을 다닌다면 학기당 17.5(18)학점을 들어야 하고, 80학점을 2년(4학기) 동안 채우는 경우라면 학기당 20학점을 들어야 한다.

다만, 단순히 학기 수로 나누어 학점을 채우기보다 저학년일 때는 조금 더 듣는 것을 고려해 볼 수 있다. 왜냐하면 고학년이 될수록 취업 준비로 인해 추가적인 공부를 해야 하거나 면접을 보는 등 시간이 부족할 수 있어서 많은 학점을 듣기에는 부담이 되기 때문이다.

그렇다고 너무 욕심을 내어 매 학기마다 무조건 수강할 수 있는 최대치로 수업을 듣는다면, 과제의 압박으로 그 또한 괴로울 수 있다. 따라서 자신의 목적과 상태를 보면서 수강해야 한다. 전문대의 경우에는 학기마다 들어야 하는 수업이 거의 정해진 경우가 있기 때문에 내가 선택 가능한 영역이 얼마나 되는지 확인해야 된다.

이번 학기에 어떤 과목을 들을 것인가?

새내기로서 수강 신청을 처음으로 준비하는 당신! 너무 걱정하지 마시라. 다음의 기준을 가지고 차근차근 과목을 선택하면 된다.

① 전공필수 과목부터 장바구니에 담기

일단 전공필수 과목을 먼저 체크한다. '필수'가 들어간 과목은 죽으나 사나 들어야 하는, 외나무다리에서 만난 과목이다. 그다음에 이번 학기에 수강할 수 있는 남는 학점에 따라 추가로 수강할 과목을 찾아본다. 관심 가는 과목은 강의계획서를 살펴보면서 어떤 내용을 배우는지 대략적으로 확인해 볼 수 있다. 여기에 학교 커뮤니티나 선배의 이야기를 참고하면 더 세밀하게 수업을 예상할 수 있다.

② 쉬운 과목 vs 적성에 맞는 과목

학점을 쉽게 딸 수 있는 '꿀'이다 싶은 과목이 있는 반면, 배울 점은 많지만 '고삼차'같이 쓰디쓴 과목도 있다. 어느 과목을 수강할 것인가? 학점을 생각한다면 '꿀'이 당길 것이다. 그러나 점수만 쉽게 잘 받고 남는 게 없다면 어느 순간 '내가 이러려고 대학 왔나' 자괴감이 들 수 있다. 반대로 나에게 도움이 되고 흥미와 적성에 맞는 과목이라면 과정은 조금 힘들어도 열심히 하고 나면 남는 게 있고 뿌듯할 수 있다.

당신은 어떤 선택을 할 것인가? 양념치킨이냐 프라이드치킨이냐의 갈등이라서 선택하기 어려운가? 대학에서 무엇을 얻을 것인지를 생각하며 당신의 여건에 따라 지혜를 발휘해 보자. 인생은 선택의 연속이다.

③ 개론에서 심화로, 연계와 확장으로

넷플릭스 인기 드라마의 최종본을 먼저 시청한다면, 그 안에 등장하는 수많은 인물과 스토리로 인해 혼돈의 카오스에 빠질 수 있다. 1편부터 정주행하고 이해를 쌓아가야 드라마 전체에 대해 소화하기 쉬울 것이다. 마찬가지로 새내기가 처음부터 욕심을 부려 패기 있게 고학년 과목을 수강한다면, 그야말로 피눈물 나는 고난의 학기가 될지 모른다. 우선 내용을 대강 추려 놓은 '개론' 과목을 수강하여 큰 흐름을 익히고 그 이후 학기에 심화 과목 듣기를 권장한다. 지난 학기에 배운 내용과 연계되거나 확장되는 과목을 수강하면 더 수월하게 따라갈 수 있을 것이다. 학기에 따라 어떤 과목을 들으며 심화시켜 나갈지는 강의계획서와 함께, 같은 과 선배들의 조언이 진짜 '꿀'이므로 참고하도록 한다.

④ 시간과 공간을 고려하기

새내기 때 눈물이 주르륵 흘러내리는 시간표가 탄생하는 경우가 있다. 고등학교 때 아침부터 수업 듣던 것을 생각하며 대학교 때 아침 1교시 수업을 주 5일 꽉 채워 넣는다면? '일찍 일어나는 새가 벌레를 잡는다'기보다는 '개피곤하다'는 깨달음을 얻으며 빨간 토끼 눈의 고통스러운 학기가 될 수 있다. 대학생 때는 밤까지 과제나 모임 등이 있을 수 있어서 청소년 시기와는 삶의 패턴이 달라질 수 있다. 아침 수업을 들을 수는 있으나 너무 많이 듣지는 않도록 하기를 권장한다.

나는 대학 생활이 처음인데요

월	화	수	목	금
공학의 이해	경영학 개론	사고와 안전	글로벌 의사소통	체조와 건강
				컴퓨터 기초
글로벌 의사소통	컴퓨터 기초		경영학 개론	
사고와 안전		공학의 이해		
	체조와 건강			

월	화	수	목	금
공학의 이해		사고와 안전		체조와 건강
	경영학 개론		글로벌 의사소통	
글로벌 의사소통	컴퓨터 기초		진로와 취업	
		공학의 이해		
	체조와 건강		경영학 개론	
사고와 안전				컴퓨터 기초

그런가 하면 수업 사이의 공강이 껑충껑충 계속 있는 경우도 시간 운영에 효율적이지 않을 수 있다. 공강도 알차게 보내야지 싶은 생각이 있겠지만, 짧은 공강이 자주 있으면 막상 이도 저도 안 되는

경우가 많다. 그렇다고 특정 요일을 아침부터 저녁까지 강의로 물 샐 틈 없이 꽉꽉 채운다면, 매주 그 요일을 공포 속에 기다리게 된다. 필자의 경우 하루에 최대 9시간 수업을 들은 적이 있었는데, 토 나오는 지옥의 롤러코스터였다. 대학생에게는 점심시간도 따로 정해져 있지 않기 때문에 식사 시간도 고려하여 시간표를 짜야 한다.

두 수업이 이어지는 경우, 강의실 간의 거리도 확인할 필요가 있다. 필자의 경우, 1학년 때 과목만 보고 시간표를 짠 결과, 한 주간 5개의 건물을 오가며 수업을 들었다. 쉬는 시간 10분 동안에 우사인 볼트급으로 전력 질주를 해야 겨우 다음 강의실에 도착하게 될 정도의 거리여서 죽을 맛이었다. 학교 캠퍼스가 넓다면 건물 간의 이동도 고려해야 한다. 물리적으로 이동이 어렵다면 한 과목은 교체하는 것이 나을 수 있다. 그렇지 않으면 학기 내내 '우리 학교가 이렇게 넓었구나'를 온몸으로 느끼게 될 것이다.

두근두근 실전 수강 신청을 앞두고

① 떠나간 수강 신청 일정은 돌아오지 않는다

"수강 신청 몇 개는 인원이 다 차는 바람에 못해서 아쉬워. 너는 잘했어?"

"……. 수강 신청이 어, 어제였어?"

생각만 해도 아찔하다. 수강 신청 일정은 꼭 확인해 두어야 한다.

새내기냐 다른 학년이냐에 따라서 수강 신청 일정이 다르기도 하니, 내가 신청하는 날짜와 시간을 확실히 체크해 두도록 한다. 미리 알람을 설정해 두거나 친구들과 카톡 등으로 서로 알려 주는 것도 방법이다.

② 광클릭이 필요해!

"말이 수강 신청이지, 실상 몇백만 원짜리 교수 토크 콘서트 티켓팅이다."

수강 신청이 시작되기 전부터 미리 대기하며 매의 눈빛으로 광클릭을 준비하는 모습은 흔한 대학생들의 수강 신청 풍경이다. 수강 인원은 선착순으로 차므로 인기가 많은 과목은 금세 마감될 수 있다. 따라서 수강 신청 시간에 조금 앞서서 준비하고 '인기가 많은 과목'부터 수강 신청을 하도록 한다.

③ 플랜 B가 있는가?

생각하고 싶지 않지만, 계획한 과목의 수강 신청을 실패했을 경우를 떠올려 보자. 멘탈이 쿠크다스처럼 와사삭 부서지면서 마우스 커서는 갈 곳을 잃을 수 있다. 인기 많은 과목의 인원이 다 찼을 경우에 대비해 대체 가능한 과목을 미리 확인해 둔다면? 플랜 B를 마련해 둔 사람은 이럴 때 바로 대처하여 차선의 과목을 신청할 수 있을 것이다. 플랜 A 과목을 듣지 못할 때 듣는 것이 플랜 B이므로 이 과목도 '어떤 과목을 들을까'의 차원에서 부합하는 과목이어야 하고, 이미 짜 놓은 시간표의 다른 과목들과 겹치지 않아야겠다.

④ 학기 첫 주의 찬스를 활용한다

학기가 시작되는 첫 주는 보통 '수강 신청 변경' 기간이기도 하다. 첫 시간 수업을 들었는데 내 기대와 너무 다르다 싶을 경우에는 수강 신청 홈페이지를 통해서 다른 과목으로 바꿀 수 있다. 앞서 정말 듣고 싶은 과목이었는데 수강 신청에 실패했다면, 해당 과목의 교수님께 '정원 외 수강 신청이 가능한지' 문의하여 허락해 주실 경우에 그 과목을 들을 수 있다.

수강 신청에 따라서 한 학기의 라이프스타일이 결정된다. 특히 새내기 때 아무런 대비 없이 갑작스럽게 되는 대로 수강 신청을 하여 고통을 사서 하는 일이 생기지 않도록 미리 챙겨 두기를 권장한다. 대학 생활의 첫 단추라고 할 수 있는 수강 신청부터 먼저 잘 끼워 보자!

★ 1장 세 줄 요약 ★

1. 대학 생활 로망은 막연한 정신승리가 아니라, 직접 모험하며 꿈을 현실로 만드는 과정이다.

2. 새내기 때 마냥 놀다가는 후회가 눈물이 되어 흐른다.

3. 난이도와 적성을 고려하여 수강 계획을 세운 뒤, 수강 신청 광클!

나는 대학 생활이 처음인데요

◀ 미션 1. 두근두근 수강 신청 ▶

● 대학 탈출을 위한 학기별 수강 계획을 세워 보고 수강 신청에 도전해 보자!

● 두근두근 첫 번째 수강 신청을 마쳤다면, 계획대로 잘되었는지, 소감이 어떠한지 간단히 기록해 보자. 또는 대학 생활을 출발하는 의지의 마음을 남겨도 좋다.

● 참고영상 : 대학 새내기, '이것' 놓치면 피똥싼다! '꼭' 잡아야 되는 3가지.

▶ 대학새내기 때 '꼭' 잡아야 되는 3가지

2장

나의 판도라
상자 열기

난 누구?
여긴 어디?

나니까 나를 잘 안다?!

거울에 비친 자신을 보면 때로 '왜 이리 살쪘어?'라는 생각이 들기도 하고, '오늘 좀 괜찮네.' 싶어 어깨가 으쓱해지기도 한다. 거울에 비친 내 얼굴조차도 그날 기분에 따라 달라 보인다. 가장 익숙한 사람이 나인 것 같지만, 막상 내가 웃고 찡그리고 삶의 보람과 감정을 담아내는 모습은 스스로가 잘 보지 못한다.

2,500년 가까이 지속되어 온 핫한 유행어는 그리스 델포이 신전 기둥에 새겨진 '너 자신을 알라'가 아닐까 싶다. 이 이야기를 누구나 들어 봤겠지만, 정작 나 자신을 제대로 알고 있는 사람은 생각보다 많지 않다. 성인이 된 대학생도 예외는 아니다. 한 조사[1]에 따르면,

대학생들의 걱정 1위가 '진로를 정하지 못한 불안함'으로 나타났다.

내가 무엇을 잘하고 어떤 때 실력이 발휘되는지, 무엇을 좋아하고 즐길 수 있는지를 얼마나 알고 있는가에 따라서 자신의 존재의 가치와 행복이 빛나게 된다. 여기서 말하는 나에 대한 부분은 '돈이 좋다', '게임과 음악을 즐긴다'처럼 피상적인 부분만을 가리키는 것이 아니다. 숨은그림찾기를 하듯이 꼼꼼하게, 체에서 돌을 거르고 금을 찾아내는 것처럼 세심하게 살펴야 진짜 나를 발견할 수 있다. 나에 대해 객관적으로 제대로 파악하는 것이 대학생에게 주어진 중요한 미션이다.

늦었다고 생각할 때가 진짜 너무 늦었다

당신은 보트를 타고 시원하게 서해 바다를 여행하고 있다. 정신을 놓고 구경하다 보니 그만 방향을 살짝 놓쳤다. 강화도에 도착해야 하는데 멍 때리다가 그만 북한 땅인 해주 앞바다에 내리고 말았다. 작은 방향의 실수로 인해 당신의 삶은 180도 바뀔 수 있다. 어쩌면 동무는 아오지 탄광에 끌려갈 수도 있고 남조선에 돌아오기 어려울 수도 있다.

....

1 2021년 유니브리더스의 멘토줌인에 참여한 대학생 700명을 대상으로 한 조사.

나를 알아 가는 과정은 한 번에 답이 나오는 단답식 문제도 아니고 당장에 급해 보이는 일도 아니라서 당신은 이 미션을 수행할 필요성을 느끼지 못할 수도 있다. 학기 초인데 굳이 기말고사를 준비할 필요가 없다고 여기는 것과 비슷하다. 그러나 '자신을 알아 가는 문제'는 건강관리와도 비슷해서 필요성을 크게 느낄 때쯤에는 이미 삶의 문제들이 심각한 수준으로 나를 무너뜨린 후일 수 있다.

'나를 알기' 미션을 수행하지 않는다면?

나에 대해 잘 모른 채로 시간이 흘러가면 어떤 일이 생길까? 우선 고학년이 되어 취업 준비를 하며 자소서를 쓸 때부터 난감한 상황을 마주하게 된다. 필자가 면접 코칭을 했던 대학생들은 이런 이야기를 하곤 했다.

"면접을 준비하면서 제 인생을 처음으로 돌아보게 됐어요."

'나'를 잘 알아야 '나'를 어필할 수 있는 것이다. 나의 강점과 약점, 어떤 일을 잘 소화하는지 등에 대해 알아야 자신을 세일즈할 수 있다. 취업 준비로 발등에 불이 떨어져서 자기 탐색을 하는 사람에 비해서, 새내기나 그 이전부터 고민한 사람은 자기소개나 면접 답변의 진함과 깊이가 비할 수 없이 다르다.

앞서 학점을 새내기 때부터 관리해야 한다고 했지만, 대학교에서 무조건 공부만 챙기고 올 A+를 맞도록 노력해야 한다는 것은 아니다. 기업 인사담당자에 따라서 학점만 A+이면 공부만 하고 자기 탐색이나 경험이 부족하다고 여겨 오히려 부정적으로 보는 경우도 있다. 학점 관리를 어느 정도 하면서 동시에 '나'에 대해 제대로 발견하는 기회도 놓치지 말아야 한다.

바쁘게 살다 보면 나에 대한 고민의 시간이 사치처럼 느껴지기도 한다. 특별히 고민하지 않아도 당장 사는 데는 지장이 없다. 그러나 몇 십 년 후 '내가 뭘 위해서 살았지?'라는 거대한 운석 같은 고민이 인생에 떨어지면, 그 고통과 공허함의 파장은 훨씬 더 크다. 후회와 우울함으로 현타가 크게 오면 회복하기가 쉽지 않다.

유명한 야구 선수였던 요기 베라는 '당신이 어디로 가고 있는지 모르면 결국 원하지 않는 곳으로 가게 된다.'라고 하였다. 야구에서 가장 이상적인 홈런의 각도는 35도이고, 골프에서 공을 가장 멀리 보낼 때 드라이버의 초기 출발각은 12도 정도이다. 각도와 방향에 따라 도착 지점은 완전히 달라지며, 이미 흘러간 궤도는 바꿀 수 없다. 당신의 인생에서 소위 행복'각'이 나오게 하려면 대학생 때 나는 어떤 사람인지에 대한 '각'을 확실히 체크할 필요가 있다.

나침반은 흔들리며 방향을 잡는다

대학생이 되어 이내 취업과 진로에 대한 고민으로 불안감에 빠지는 대학생들이 많다. '나는 누구이고 어떻게 살아야 하는지'에 대한 실마리도 못 찾았는데 금세 취업 전선에 내몰리면서 스트레스를 받기도 한다. 도피를 위해 휴학이나 군 입대를 택하거나 아예 학교를 관두는 경우도 있다.

얼마나 답답하고 힘들면 그럴까 싶다. 필자도 대학생 때 대체 어떻게 살아야 하는지, 뭐 해 먹고 살아야 하는지, 내 인생의 의미가 무엇인지에 대하여 답이 안 나와서 머리가 터질 지경이었다. 당시 SNS에 올렸던 글의 한 구절을 가져와 본다.

> 도망칠 곳이 없다. 구름으로 막히고 땅으로 막힌 이곳. 난 어둠 속에서 빛을 켤 만한 용기나 능력이 있는 아이도 아니다. (중략) 현실은 시궁창, 찬란했던 나의 꿈은 세상이란 칼날에 찢겨 역겹게 뒤범벅되었다.

지금 보면 중2병의 감성이 차 있어서 감히 읽기조차 부끄럽고 두렵다. 필자에게 대학생 때는 혼돈의 시기였다. 그래서 택한 것이 '게임'이었다. 부끄럽지만 방학 때면 하루에 17시간씩 게임을 했다. 높아 가는 나의 캐릭터 레벨을 보며 잠시 답답함에서 벗어나는 듯했지만, 로그아웃하는 순간 곧바로 쪼렙인 현실을 마주하게 된다. 머리 아픈 고민은 치워 버리고 현실을 도피하고자 게임이나 술 등을 택하는 경우가 있다. 잠깐 자유와 안락을 찾은 것 같지만 우리는 반드시 '현실'에 로그인하게 되어 있다.

모든 것이 싫고 귀찮았던 필자는 더 이상 게임 폐인으로 살 수 없다는 생각이 들었다. 그래서 자신에 대해 곱씹어 보며 조금씩 이해하고 객관적으로 보려고 노력했다. 작은 목표를 잡아 하나씩 부딪치고 검증하면서 점차 나답게 사는 방향을 찾으려고 발버둥 쳤다. 그때의 노력들은 시간이 지나며 삶의 결실로 점차 나타나기 시작했다.

나를 찾기 위해 노력하다 보면 길이 바로 보이지 않아 '방황하고 버려지는 시간 낭비인가' 싶을 때도 있지만 결코 그렇지 않다. 나침반은 흔들리며 방향을 잡는다. 대학생 때 흔들린다고, 앞이 잘 보이지 않는다고 너무 걱정하거나 절망하지 말자. 의지를 가지고 고민한다면 흔들림 끝에 내 삶의 방향이 드러날 것이다.

나를 찾는 낭만 여정, PARIS

여정에 임하는 자세

당신은 사과와 오렌지 중에 어느 과일을 더 좋아하는가? 골라 보자. 하나를 선택했다면 당신은 50% 안에 들었다. 왜 그 과일을 선택했는가? 여기에 대답할 수 있다면 25% 안에 든 것이다. 한 단계 더 나아가서, 그 과일을 택한 당신만의 이유가 있는가?

"저는 오렌지를 씹었을 때 마치 입에서 폭죽이 터지는 것과 같은 짜릿함이 좋아요. 첫맛은 시큼하지만 끝맛은 달콤한 팔색조 같은 변화가 좋아요."

고민하며 당신만의 이유를 찾았다면? 축하한다. 나만의 1% 이유를 드디어 찾은 것이다. 꿈과 비전(장기적 목표)은 어느 날 갑자기감 떨어지듯이 뚝 떨어지는 것이 아니다. 오히려 고민하고 또 고민하면서 가지치기가 되어 가고 숙성되면서 '발견'되는 것이 아닐까 싶다. 나를 향한 여정은 원클릭 배송처럼 해결되지는 않는다. 그렇다고 너무 마음을 조급하게 먹을 필요는 없다. 조금씩 발견해 가면 된다.

자신을 찾고 비전을 찾는 이 여정은 세상으로 발을 내딛는 시간임과 동시에 나의 내면에 대한 여정이다. 외부 세계로부터 정보를 얻는 것도 필요하지만 나 자신과 대화하는 것도 중요하다.

법정 스님은 이런 말씀을 하셨다.

"나는 누구인가 스스로 물으라. 자신의 속 얼굴이 드러나 보일 때까지 묻고 묻고 물어야 한다. 건성으로 묻지 말고 목소리 속의 목소리로, 귓속의 귀에 대고 간절하게 물어야 한다. 해답은 그 물음 속에 있다."

등잔 밑이 어둡다는 이야기가 괜히 있는 것이 아니다. 우리는 밑을 못 보는 등잔이 아니라 사방을 보는 서라운드 조명이 되어 자신의 구석구석을 꼼꼼히 살피고 끈질기게 자신에게 물어야 한다.

'PARIS'에서 찾는 나

이 여정을 통해 우리가 도달하고자 하는 목적지는 'PARIS'다. 낭만의 도시 '파리' 못지않게 자신을 발견하는 것은 낭만 넘치는 일이다. 내 삶의 방향과 나를 발견하는 열쇠가 되는 대표적인 것들을 5가지 뽑으면 다음과 같다.

- P(Personality): 성격
- A(Ability): 능력
- R(Reality): 현실
- I(Interest): 흥미
- S(Social meaning): 사회적 의미

① P(Personality): 성격

직장에서 자주 공상에 빠져 무시당하고 해고당한 여성이 있었다. 그녀가 상상력을 발휘하는 소설가가 되었을 때 어떤 일이 생겼을까? 4억 권 이상 팔린 세계적인 베스트셀러가 탄생했다. 그녀는 『해리포터』의 저자인 '조앤 롤링'이다.

고객과 수없이 소통하며 법정에서 활약하는 잘나가던 한 변호사는 사실 혼자 조용히 보내는 시간을 좋아하는 사람이었다. 일하며 많은 스트레스를 받던 그는, 결국 이 일을 그만두고 우체국 배달원으로 일했다. 연봉은 비교도 안 되게 줄었지만 홀로 일하는 일상에 행복했다고 한다. 물론 반대로 많은 이들과 어울리고 왁자지껄해야 에너지가 저가 되는 사람이 홀로 고립되어 일해야 되는 상황이라면, 그처럼 감옥 같을 수가 없을 것이다. 안정성을 중요시 여기는 사람에게 드라마틱한 일상이 주어지는 일이라면 그 또한 괴로울 수 있다.

나는 대학 생활이 처음인데요

현실적인지, 탐구를 좋아하는지, 상상력 발휘하기를 좋아하는지, 사교적인 스타일인지, 모험적인지, 꼼꼼한지 등 자신의 성향을 제대로 알아야 한다. 직업의 성격과 자신의 성격과 추구하는 방향이 맞는다면 자연스럽게 일의 효율이 오를 수 있다.

② A(Ability): **능력**

심술궂은 여우가 두루미에게 한턱 낸다고 초대해서 납작한 접시에 음식을 주었다. 음식을 먹고자 온갖 각도로 입을 벌려도 먹지 못하고 깊은 빡침을 느낀 두루미는 여우를 초대해 '너도 개고생해 봐라.' 하며 호리병에 음식을 담아 주었다.

우리가 잘 아는 우화이다. 여우가 먼저 못되게 굴긴 했지만, 납작한 접시에 있는 음식을 먹기 위해 발버둥 친 두루미도 안쓰럽다. 긴 부리로 할 수 있는 일이 많은 두루미가 만약 평생 동안 납작한 접시의 음식만 먹으려고 했다면 어땠을까? 자신이 관심을 느끼는 분야이고 끝없이 노오력을 함에도 불구하고 능력이 이에 적합하지 않아서 성과가 계속 부진하다면 결국 지쳐 가고 자신감을 잃을 수 있다.

내가 능력이 있고 잘하는 분야가 무엇인지 찾아야 한다. 여기서 '능력'이라고 하면 어마무시한 연주 실력, 찐천재 같은 계산 능력이 떠오를 수도 있지만 '사소한 장점'들이 알고 보면 강력한 무기가 된다. 꼭 카리스마 넘치는 '리더십'만이 능력은 아니다. 귀와 마음을 활짝 열고 잘 들어 주는 모습, 물건을 잘 정리하는 습관, 요점을 금세 찾는 감각, 빠르고 정확한 검색, 친구 사이를 이어 주는 행동 등에 나의 능력에 대한 힌트가 숨어 있을 수 있다. 능력이 없는 것이 아니다. 단지 아직 못 찾은 것일 뿐이다.

③ R(Reality) : **현실**

시대가 변하며 사라지는 직업들이 있다. 인력거나 버스안내양, 전화교환원은 옛날이야기라 하더라도, 디지털화에 따라 최근에 텔레비전 플리즈마 영상 패널(PDP) 관련 일이나 영화자막 제작원, 항공기 기관사 등의 직업이 사라졌다. 인공지능과 로봇산업, 새로운 기술에 따라 미래는 또 빠르게 바뀌어 갈 것이다.

내가 좋아하는 일이지만 시장성이 없고 사라져 간다면? 보수나 시간적인 부분, 일하는 지역이 맞지 않는다면? 내 미래를 고민함에 있어서 현실적으로 이런 부분도 고려하지 않을 수 없다.

④ I(Interest) : **흥미**

서핑을 하다가 액션캠을 개발해 억만장자가 된 '닉 우드먼(Nick Woodman)', 좋아하는 게임이나 취미를 즐기며 돈을 버는 프로게이머. 덕질과 직업이 일치하는 '덕업 일치'는 참 부러워 보인다. 공자는 '좋아하는 직업을 택하면 평생 하루도 일하지 않아도 될 것이다.' 라고 하였다. 우리가 생각하는 아름답고 이상적인 모습이기도 하다. 흥미 있는 분야에서 일한다면 성과를 내기에도 좋을 수 있으며, 때로 어렵고 힘들어도 계속해서 지속할 수 있는 원동력이 된다.

⑤ S(Social meaning): **(사회적) 의미**

직업에는 경제적 의미, 자아를 실현하는 심리적 의미와 함께 사회적 역할을 하고 발전에 기여한다는 '사회적 의미'도 있다. 나 혼자 밥을 먹고, 나 혼자 일을 하고, 이렇게 벌고 살고 하는 것이 편할 것 같지만, 어느새 나 혼자와 연애하는 현타가 오면서 외로움과 공허함이 밀려옴을 느끼게 된다. 내가 하는 일에서 가치와 의미를 느끼고, 누군가와 그 의미를 함께 나누며, 주변과 사회를 아름답게 만드는 보람을 얻을 수 있다면 내 삶에 더 큰 행복이 꽃필 수 있을 것이다.

'PARIS' Step Up: 이럴 땐 어떻게?

나를 찾기 위해서 필요한 성격(P), 능력(A), 현실(R), 흥미(I), 사회적 의미(S)의 다섯 가지 열쇠를 살펴보았다. '다섯 가지에 모두 맞는 일을 하면 되겠구나!'라고 생각할 수 있지만, 모든 조건을 만족시키는 황금 열쇠는 존재하지 않는다. 완벽하지 않은 조건을 마주하여 고민이 된다면 다음의 이야기를 살펴보며 나를 발견하기 위해 한 계단을 더 올라 보도록 하자.

① P(Personality): **성격에 꼭 맞아야만 잘하나요?**

성격과 직업은 큰 관련이 있지만 때로 직업의 성격과 자신의 성격이 다름에도 성공하는 케이스도 있다. 예컨대 개그맨은 늘 에너제

틱하고 일상에서도 치명적이게 활발할 것 같지만 의외로 내성적이고 조용한 사람들도 많다. 영업에서 성공한 분들은 툭 치면 말이 줄줄 나오는 달변가만 있을 것 같지만, 필자가 아는 분 중에는 본디 내성적이었지만 성공한 사람도 많다. 회계를 잘하는 사람은 무조건 꼼꼼해야 할 것 같지만 밖에서 보면 털털한 경우도 있다.

성격은 동전의 앞뒤와 같아서 꼭 어떤 면이 좋다고 할 수 없고, 때로 단점처럼 보이는 것이 장점이 될 수도 있다. 자신의 성격을 제대로 파악하되 이것만으로 모든 것을 결정하지 말고 다른 요인들도 확인할 필요가 있다.

② A(Ability) : 능력이 부족한데 어떻게 하지요?

내가 영혼을 갈아서 하고 싶은 분야가 있는데, 능력이 조금 부족하다고 해서 포기할 필요는 없다. 만 시간을 투자하면 잘 하게 된다는 말콤 글래드웰의 '만 시간의 법칙'처럼 꾸준히 노력하면 성과가 나오기 마련이다. 천재로 불렸던 레오나르도 다빈치도 '나는 쇠붙이에 불과했지만 평생 면도날이 되고자 애썼다.'고 하였다. 모차르트, 피카소 같은 천재들도 만 시간의 학습 후에 세상에 두각을 드러내기 시작했다는 사실을 기억하자.

내가 '여우'인데 호리병의 음식을 먹어야만 하는 경우도 있다. 그때는 어떻게 할까? '빨대'를 쓰면 되지 않을까? 예컨대 면접에 능력이 없지만 면접을 안 볼 수는 없는 노릇이다. 이때는 단기적으로 전문가에게 트레이닝을 받거나 노하우를 전수받을 수 있다. 나의 부

나는 대학 생활이 처음인데요

족한 능력을 채워 주는 사람을 활용하거나 섭외하여 그 일을 도모할 수도 있다.

③ R(Reality): **현실 앞에 고개 숙여야만 하나요?**

많은 자영업자들은 지난 코로나19로 인하여 직격탄을 맞았다. 절망의 늪과 같은 시간이었지만, 오히려 앱을 통한 배달 확대로 매출을 올린 요식업 사장님도 있고, 비대면 시장이 폭발적으로 열리면서 새로운 기회를 찾은 사람들도 있다. 필자의 경우도 '온라인 교육'으로 전환되며 오히려 사업이 더 성장하였다.

현실은 우리가 고려해야 하는 부분이지만, 이를 위험으로만 여기지 말고 기회로 볼 수도 있다. 내가 능력과 흥미가 있는 분야라면 현실에 굴복하지 않고 오히려 극복하거나 활용할 수 있다. 또한 시장에 없던 직업이나 분야를 개척하고 창조해 나갈 수도 있다. '꿈을 지녀라. 그러면 어려운 현실을 이길 수 있다.'는 릴케의 말을 기억하자.

④ I(Interest): **흥미가 있으면 직업으로 삼을까요?**

취미로 빵을 만드는 것은 재미있지만, 이것을 직업으로 삼아 매일 빵 300개를 구워야 한다면 그 재미가 여전할까? 또는 흥미는 있지만 능력이 부족하다면 어떻게 해야 할까?

흥미와 능력이 모두 있다면 직업으로 삼기에 좋지만, 흥미만 있고 능력이 부족한데 꼭 직업으로 삼아서 좋아하는 일을 스트레스로 만들 필요는 없을 수도 있다. 내가 잘하는 분야를 현실적인 직업으로 선택하면서 흥미가 있는 분야는 취미로 즐기면 된다. 반대로 흥미가 없던 분야에 재미가 생길 수도 있다. 공부가 꼭 재미있고 흥미에 맞을까? 세상에 그럴 사람이 얼마나 될까 싶다. 그러나 필요한 노력을 기울이다 보면 점점 잘하게 되고, 그러다 보면 어느새 흥미가 붙는 경우도 꽤 있다.

⑤ S(Social meaning): **사회적 의미가 꼭 있어야 하나요?**

사회적으로 꼭 좋은 사람이 되고 모두를 만족시키고자 하기에 앞서서, '내가 행복을 느끼는 가치[2]와 의미'는 무엇인지 생각해 볼 필요가 있다. 내가 행복해야 주변도 행복하게 할 수 있는 것이다.

경제적인 부분을 위해서 어쩔 수 없이 일은 하지만 월급 루팡으로 보내면서 흥미 위주의 삶을 즐기는 사람들도 있고, 일에서 가치와 의미를 느끼는 사람도 있다. 무엇이 정답이다, 그르다 할 수는 없다. 다만, 삶의 상당한 행복은 일의 보람과 사회적으로 의미 있는 성취에서 나오기도 한다. 내 주변과 사회를 돌아보면서 삶의 의미를 찾아보자. 아이러니하게도 당신이 가장 큰 스트레스를 받게 되는 요인도, 또 가장 큰 행복을 주는 요인도 '사람'이다.

·················

2 직업적인 가치에는 성취, 봉사, 개별 활동, 직업 안정, 변화 지향, 몸과 마음의 여유, 영향력 발휘, 지식 추구, 애국, 자율, 금전적 보상, 인정, 실내 활동 등이 있다(한국고용정보원).

자기 발견행 티켓: '펜'과 '타이밍'

  필자는 취업을 준비하는 전국의 대학생 25명을 만나 인터뷰를 한 적이 있다. 그들에게 언제 진로에 대한 감이 왔는지 물었다. 한 학생은 학교를 다니며 학과, 동아리, 대외 활동 등을 수없이 했지만 오히려 머리만 더 복잡해졌다고 하였다. 그러다가 답답한 마음에 혼자 보름 정도 여행을 떠났는데, 이게 웬걸? 자신과 대화를 하는 여행 기간 동안에 퍼즐이 맞춰지듯 자신의 강점과 가치, 방향이 정리되었다고 한다.

  남학생들에게는 가야 하는 대학교가 하나 더 있는데, 바로 '군대'이다. 시간과 공간의 방처럼 시간이 가지 않는 그곳에 있으면 어쩔 수 없이 자신에 대해 고민하는 시간을 갖게 되고, 그러다 보니 의지를 갖게 되었다는 경우가 꽤 있다. 굳이 긴 여행이 아니더라도 나와 대화하는 시간을 가져 보자. 일주일에 한 번, 아니 보름에 한 번이라도 자신에게만 집중하는 타이밍을 주자. 자신을 알아 가는 귀중한 기회가 될 것이다.

  종종 '알바 하느라 바빠서 그럴 여유가 없다'는 경우가 있다. 대학 생활을 하면서 등록금이나 생활비 때문에 아르바이트를 하는 경우도 있을 것이다. 필자도 편의점, 배달, 과외, 전단지 등 여러 일을 해 봤다. 필요하다면 할 수 있다. 그러나 고가의 아이템이나 유흥을 위해, 또는 시간을 때우기 위해 필요 이상으로 하지 않기를 권한다. 가능한 나의 전문성과 진로 발견에 시간을 할애하자. 당신의 20대

Where to go

● **목 적**
- 지금까지 좌절과 실패의 원인을 짚고, 내가 나아가야 할 인생의 방향을 잡는다.

1-1. 좌 절
- 무엇이 나를 좌절케 하였는가?
  : 열등감(나는 못났다) ▸ 자신감 하락 ▸ 할 수 있는 게 없고, 하고 싶은 게 없음
※ 내 좌절의 이유는 **열등감**

1-2. 좌절의 극복사례
- 열등감은 무엇을 하든 피할 수 없다. 그렇다면 언제 열등감을 잊었는가?
  : 사랑할 때
  : 내 능력이 인정받고 주목받을 때
    - 내가 언제 인정을 받고 주목 받는가?
      : 사람들 앞에서 '말' 할 때 (동화구연, 롤번, 프리젠테이션 등)
      : 사람들 앞에서 '끼'를 발산할 때 - 가무, 공연
※ 나는 **말을 하고 끼를 발산할 때** 열등감을 잊는다.

2-1. 행복의 조건

```
              돈
        ↓           ↓
   ┌────────┐   ┌────────┐
   │  사랑  │ → │  외모  │
   └────────┘ 극복가능 └────────┘
                      ↑극복가능
        ┌──────────────┐
        │   일 만족     │
        │   인정받음    │
        └──────────────┘
```

돈이 많으면 다른 행복의 조건을 충족할 수 있지만, 이는 현실 불가능함
외모를 통해 자신감을 얻고 열등감을 극복하려 했지만 만족 수준에 미치지 못함

2-2. 언제 행복한가?
- 사랑할 때
- 인정 받고 찬사 받을 때 (희열과 보람과 자신감 획득) : 말과 끼 발산 시 얻어왔음

는 그 어느 때보다 '고부가가치'의 황금 시기이다. 이 투자 타이밍을 놓치면 평생 후회가 따라다닐 수 있다.

고민만 되고 잘 정리되지 않을 때, '쓰면' 깔끔하게 정리되는 경향

나는 대학 생활이 처음인데요

이 있다. 나의 PARIS에 대해 머리로만 고민하지 말고 이것을 '적어 보기'를 권한다. 필자의 경우, 대학생 때 미래에 대한 고민으로 머리가 지끈지끈 터질 것 같았다. 그러다가 생각을 적어 보니 정리되어 가는 듯했고, 지속하다 보니 '나'라는 인간을 어느 정도 객관적으로 알아 갈 수 있었다. 펜을 들고 나에 대해 오롯이 집중하는 순간을 가진다면 어느새 당신의 손에 '나에게로 가는 티켓'이 쥐어져 있음을 발견하게 될 것이다.

경험으로 검증하기

'꿔바로우'라는 음식이 있다. 당신은 이 요리를 좋아하는가? 이 음식이 나의 취향 저격인지 아닌지 답하기 어려울 수도 있다. '안 먹어 봐서 모름'인 경우가 그렇다. 혼자 고민하는 시간은 필요하지만, 그렇다고 가만히 머리 굴리며 상상만 하면 집구석 망상만 늘어 갈 뿐이다. 직접 해 보면 맞는지 안 맞는지 금방 감이 온다.

필자의 경우, 혼란스러운 진로에 대한 고민 속에서 나의 적성과 흥미에 맞는다고 판단한 일들의 리스트를 작성하고 하나씩 부딪쳐 보았다. 성우 스터디를 하며 시험을 보았고, 개그맨 시험도 본 적이 있다. 나름 빵 터지겠다고 상상하며 준비한 개그를 쳤는데 '봇'처럼 움직임이 없던 심사위원들을 보고 나면 '장사 접자' 또는 '그래도 도전해 봐야겠다'는 마음이 정해진다.

대학 졸업 후에는 '연극'에 1년 정도 도전해 보았다. 낮에는 학원에서 종일 트레이닝하고 밤에는 야간 알바를 하면서 진이 쪽쪽 빠지는 한 해를 보낸 결과, 큰 깨달음을 얻었다. 바로 '이건 접어야 돼'라는 결론이었다. 열정과 재능이 부족했음을 체감했기 때문이다. 그러고 나서 치열하게 취준을 하여 운 좋게 대기업에 들어가서 잠시 일하다가, 부모님의 기쁨이 커져 갈 무렵 회사를 나와 강사로 일하게 되었다.

필자는 도전해서 실패로 끝난 일이 많았다. 그렇다면 도전해서 실패한 경험들은 아무짝에도 쓸모없는 시간일까? 연극과 성우에 대한 도전 경험은 강의하는 지금도 요긴하게 쓰고 있다. 팀 구성원으로 회사에서 일한 경험은 기업 강의에서 중요한 자산이 된다. 편의점 아르바이트는 아무 의미도 없는 시간일 것 같지만, 그 안에서 고객을 응대하고 사람을 대하는 서비스가 무엇인지 배울 수 있었다.

대기업에 취업할 때 필자는 무스펙이었지만, 아르바이트 경험을 이야기하여 좋은 평을 받았고 면접에 참여한 다른 계열사 임원에게 러브콜도 받았다. 아무 생각 없이 멍 때리며 보낸 시간은 마냥 흘러가는 시간이다. 그러나 의지를 가지고 부딪친 시간은 어떻게든 삶의 자양분이 된다.

경험으로 삶의 방향을 검증할 때, 직접 일해 보거나 부딪칠 수도 있다. 시간이 부족하고 상황이 여의치 않다면 현직에서 근무하는 현직자의 이야기를 통해 간접 경험을 해 볼 수도 있다. 그 결과 영 안 맞다 싶은 분야는 걸러 내며 가지치기를 할 수 있다. 많이 고민

되는 분야라면 너무 간만 보지 말고 후회가 남지 않도록 경험해 보자. 얼핏 빙 돌아가는 길처럼 보이지만, 나다운 삶을 찾아가는 가장 빠른 길이 될 수 있다.

대학에 빨대 꼽기

PC방에서 만 원 정액제를 끊고 신나게 열랩을 하다가 중간에 나왔다. 아직 정액제 시간이 남아 있다면 당신은 그 게임방에 다시 갈 것인가? 이게 말인가, 방구인가! 피 같은 내 돈, 아까운 시간이 남아 있으니 당연히 갈 것이다.

당신은 대학교에 정액제로 등록금을 얼마를 지불했는가? 강의실과 식당만 오가는 루틴 속에 졸업하는 학생들을 보면 참 안타깝다. 당신의 비싼 대학 정액제 안에는 진로를 찾고 공부법에 도움을 받으며 상담도 받을 수 있는 '혜택 뿜뿜 세트'가 포함되어 있다. 교내에 진로와 취업·창업을 지원해 주는 기관, 학습 방법을 알려 주는 센터, 상담해 주는 센터 등이 있다. 필자가 만난 대학생들 중에도 학교에서 들은 취업 프로그램이나 특강, 취업박람회 등이 진로를 찾는 데 단서가 되었다는 경우가 꽤 있었다.

"아니, 그런 혜택들이 있다면 학교에서 강제로 참여하게 하면 되지 않습니까? 떠먹여 주면 되잖아요?"

아쉽게도 대학생인 당신은 이제 성인이다. 자유가 주어지는 만큼 선택도 스스로 해야 한다. 대학과 사회에서는 찾아보고 알아보려는 사람에게는 도움을 주지만, 가만히 있는 사람에게는 그야말로 얄짤 없다. 이제 대학교에 빨대를 꽂은 당신, '대학의 모든 혜택, 놓치지 않을 거예요'의 마인드로 누릴 수 있는 혜택은 모조리 찾아 누리면서 나를 찾아가는 기회로 삼아 보자.

나에 대한 힌트를 찾는 검사(무료)

나에 대한 단서를 찾을 수 있는 검사를 몇 가지 소개하고자 한다.

'홀랜드 검사'는 나의 흥미, 능력, 가치관을 알아보는 테스트로 결과에 따라 현실형(R), 탐구형(I), 예술형(A), 사회형(S), 설득형(E), 관습형(C)의 6개 유형으로 구분된다. 유형에 따른 대표적인 직업도 일부 제시된다.

성격유형 검사로는 'MBTI'도 많이 알려져 있다. 16가지 유형으로 구분하고 있으며 자신의 성격을 이해하는 데 참고할 수 있다. 이보다 간단한 형태로 성격을 주도형(D), 사교형(I), 안정형(S), 신중형(C)의 4가지 유형으로 구분한 'DISC' 검사도 있다. 그 밖에 9가지 유형으로 나눈 '애니어그램'도 있다.

나에 대한 힌트를 체계적이면서도 무료로 얻을 수 있는 방법이 있다. 고용노동부에서 운영하는 '워크넷' 홈페이지에서 무료로 직업심리검사와 여러 직업 정보를 찾을 수 있다. 직업선호도검사, 직업

워크넷의 다양한 직업 심리검사 :

또는 '워크넷' 검색 후
'직업·진로' 메뉴에서 검사

가치관검사, 성인용 직업적성검사 등을 통해 '나'란 사람을 객관적
으로 알아 가고 적합한 분야나 직업에 대한 정보를 얻을 수 있다.

우리는 지금까지 '나'라는 사람을 알아 갈 수 있는 방법을 살펴보았다. 나에 대해 제대로 파악할수록 막연했던 로망은 손에 잡을 수 있는 현실이 되어 갈 것이며, 삶은 성취의 맛으로 채워질 것이다.

당신에게 그런 소중한 기회를 줄 수 있는 사람은 누구일까? 오직 나 자신만이 스스로에게 그런 기회를 허락해 줄 수 있다. 대학에서 진정한 나를 마주하고, 내 삶이 레벨 업 되는 기회를 누려 보자!

★ 2장 세 줄 요약 ★

1. PARIS를 체크하면 나를 찾는 여정의 열쇠를 얻는다.

2. 나에게만 집중하고 묻는 시간을 갖고, 힌트를 기록하자.

3. 대학에 빨대 꼽고, 경험으로 검증하자.

───────

◀ 미션 2. '나'에 대한 단서 찾기 ▶

● 워크넷에 있는 성인용 직업 · 진로 검사 중 하나를 실시해 보자. 나 자신에 대해 어떤 단서를 발견했는가? 생각이나 느낀 점을 적어 보자.

나는 대학 생활이 처음인데요

인싸 대딩의
시간 관리

너는 계획이
다 있구나?

나는 왜 이리 말아먹을까?

왜 나의 공부 계획은 항상 무너질까? 계획이 국밥도 아닌데 매일 이렇게 말아먹게 되는 이유가 뭘까?

그렇다고 내가 시간 개념이 없는 것은 아니다. 좋아하는 드라마는 목욕재계하고 본방을 사수하며, 같이 게임하기로 한 약속은 칼같이 지킨다. 인정한다. 세상에는 재미있는 게 너무 많다. '노는 게 제일 좋아'라고 노래하는 뽀통령의 이야기에 공감한다. 노는 데는 파격적인 시간 할애가 가능하지만, 공부를 하려니 내 몸이 알레르기를 일으키듯 몇 분도 허락하지는 않는다. 이런 나, 어쩌면 좋을까?

많은 사람들이 운동하는 습관보다는 '운동을 해야겠다고 마음먹기'만을 습관처럼 한다. 운동을 결심한 사람 중에서 25%가 일주일 안에 포기한다. '열공 해야지' 마음먹은 사람 중에서는 절반이 한 달 안에 포기한다. 결과적으로 결심을 성공시키는 사람은 겨우 8%라고 한다. 아, 일단 다행이다. 계획을 말아먹는 게 나만의 일은 아니다.

순간의 필(feel)을 받아서 안드로메다급으로 달성하기 어려운 목표를 세우는 경우가 있다. 이때만큼은 내가 알파고가 되었다는 느낌으로 빈틈없이 계획을 세우지만, 공부하려고 앉자마자 나에게는 오래 앉을 수 없는 병이 생긴 것만 같다. 열심히 하려는 의지가 금세 떨어지고, 자꾸만 미루는 습관 때문에 나의 계획은 오늘도 국밥행이 된다.

그러나 너무 절망하지 말자. 우리는 계획이 아작 나는 괴로움 속에서 오히려 희망을 찾을 수 있다. 지금의 시간 관리에 '문제가 있다'고 인식한 순간, 개선을 위한 첫걸음은 이미 시작된 것이다. 이번 장과 함께한다면, 당신은 대학 생활의 시간을 지배하는 '타임스톤'과 같은 힘을 얻게 될 것이다.

장기 · 중기 · 단기목표

목표는 장기, 중기, 단기로 나눠 볼 수 있다. '장기목표'는 10년 이상의 목표로 흔히 말하는 '꿈, 비전'과 유사하다. '중기목표'는 대학 생활의 목표, 또는 1~5년 정도의 목표가 될 수 있다. '단기목표'는 하루에서 한 달, 한 학기 정도가 해당된다.

대학 생활을 하고 있는 당신은 이 셋 중에서 어떤 목표가 있는가? 필자가 200여 개 대학교에서 강의를 해 보며 물어본 결과, 단기목표만 있고 중·장기목표는 없는 경우가 많았다. 만약 단기목표만 있고 장기목표가 없다면 사는 데 지장이 있을까? 먹고사는 데 큰 문제는 없다. 눈앞의 일들을 하면서 살면 된다. 그러나 앞서 2장에서 나에 대한 고민 없이 살다 보면, 어느 순간 현타가 올 수 있는 위험을 기억할 것이다.

반대로 장기목표(꿈과 비전)만 있고 단기목표가 없다면? 꿈만 꾸고 오늘 노력하지 않으면, 그 꿈과 내 현실과의 거리는 절대 좁혀지지 않는다.

장기목표는 2장 '나의 판도라 상자 열기'를 참고하기 바란다. 이번 장에서는 중기와 단기목표를 중심으로 당신의 하루를 알차게 만드는 계획을 세워 볼 것이다.

워런 버핏에게 배우는 목표 설정법

'워런 버핏'은 세계적인 부자이다. 돈에 관심이 있는 사람이라면 누구나 한 번쯤은 부러워하는 사업가이다. 자수성가로 부를 이룬 그가 전용기 조종사에게 목표를 이루는 방법을 다음과 같이 알려 주었다. 우리도 이 이야기에 귀를 기울여 내 인생이 비상할 수 있도록 조종해 보자.

① 1단계: 목표 25개 적기

이루고 싶거나 해야 할 목표를 적어 본다. 나의 직업이나 전공과 관련된 목표들을 적어 볼 수 있고, 또는 관련이 없어도 괜찮다. 이 때는 당장의 실현 가능성 등은 생각하지 말고 일단 적는다.

② 2단계: 5개 고르기

적은 목표들 중에서 특히 중요하다고 생각하는 것 5개를 고른다. 동그라미를 쳐도 좋다. 그리고 나면 당신이 적은 목표는 20개가 남아 있을 것이다. 이것은 어떻게 하면 좋을까?

③ 3단계: 나머지 20개는 버리기

'짬짬이 시간 내서 나머지 목표도 이루면 되지 않을까?'

워런 버핏은 나머지 20개는 어떻게든 피하고 버리라고 권한다. 당신에게 어벤져스 같은 초인적인 힘이 있다는 생각은 버리자. 돋보기로 햇빛을 모으듯, 소수의 목표에 집중했을 때 뜨거운 성취를 해낼 수 있다.

목표의 핵심은 '우선순위'

사용할 수 있는 시간이 10분밖에 안 되더라도 우선순위를 정해야 시간을 내 것으로 만들 수 있다. 주어진 시간 내에 최대한 많은 것

아이젠하워 매트릭스 :

	시급한 일	시급하지 않은 일
중요한 일	**1** 과제, 발표, 시험, 시간 약속	**2** 자기계발, 영어, 건강, 인간관계
중요하지 않은 일	**3** 사소한 행사, 영화 마감, 카톡, 인기 있는 활동	**4** 잡담, 게임, TV, 인터넷, 쇼핑

을 하려고 하기보다, 중요한 것을 선별하여 이것을 해내려는 노력이 필요할 수 있다.

어떤 일이 중요한지 파악하기 어렵다면, '아이젠하워 매트릭스'를 참고해 보자. '중요도'와 '긴급성'을 기준으로 어디에 해당되는 일인지 분류해 보는 것이다. 1번에 해당하는 일은 발등에 불이 떨어졌으므로 즉시 해야 하는 일이고, 2번은 꾸준히 해나가야 하는 일이다. 3번은 정말 해야 하는 일인지 생각해 보며, 다른 사람에게 위임하거나 줄일 수 있다. 4번은 계획에서 빼는 방향을 생각해 볼 수 있다. (물론 전공에 따라 하나의 일이 어느 영역에 해당될지는 달라질 수 있다.)

이 중에 중요한 영역 두 개를 고르자면 몇 번일까? 정답은 1번과 2번이다. 그 이유는? 윗줄에 중요한 일이라고 쓰여 있기 때문이다. 그렇다면 1번과 2번 중 더 의미 있는 일은? 당연히 1번이라고 생각

나는 대학 생활이 처음인데요

할 수 있는데, 오히려 2번이 더 의미 있는 경우도 있다. 발등의 불 (1번)은 꺼야 한다. 그런데 살면서 발등의 불만 끄는 사람은 매일매일 불 끄느라 바쁘다. 내 미래를 업그레이드해 주는 일(2번)을 놓칠 수 있다. 2번을 할 수 있는 사람은 급한 일(1번)이 줄어들며, 점차 성장하는 레벨 업을 맛볼 수 있다. 하루의 계획에 2번 영역도 꼭 넣어 보자!

단기목표에는 PN을 입히자

현대 경영학의 아버지로 불리는 '피터 드러커'는 목표 달성을 위한 SMART를 제시했다. 구체적이고(Specific) 측정 가능하고(Measurable) 행동 지향적이며(Action-Oriented) 현실적이고(Realistic) 기한이 있어야(Time-Bound) 한다는 것이다. 목표를 세울 때 이런 요건에 맞추는 것도 좋다.

5가지를 모두 기억하기 어렵다면 계획(PLAN)의 첫 글자와 마지막 글자만 따서 필자가 'PN'으로 만든, 좀 더 간단한 목표 원칙을 적용해 보아도 좋다. 앞서 '워런 버핏'의 방법처럼 중요한 5가지 목표를 뽑았다면, 여기에 PN을 입혀서 각각을 단기목표로 만들어 보는 것이다.

① Numerable
"내 올해 목표는 다이어트, 너로 정했다!"

새해 첫날, 야심찬 목표로 자기최면을 걸어 보지만 안타깝게도 이루어질 가능성은 낮다. 어느새 '맛있으면 0칼로리'라고 자기최면을 걸며 음식을 흡입하는 자신을 발견하게 될지 모른다. 여기에는 어떻게 이루고 행동할 것인지에 대한 명확한 그림도 없고, 달성의 기준도 모호하다. 당신의 목표에 숫자가 들어 있는지 확인하라. 행동에 숫자를 결합시키면 된다.

[예시] 열심히 운동하겠다. (X)
→ 주 5일 헬스장에서 21~22:30까지 운동 (O)
→ 오늘의 운동: 스쿼트 20×4세트, 푸시업 20×4세트 (O)
[예시] 전공과목 정복하기 (X)
→ 강의 끝나자마자 30분 복습 (O)
→ 토요일 9~11시에 주중 내용 복습 (O)
[예시] 사업 아이템 도전 (X)
→ AI를 활용한 음성인식 앱을 10월까지 론칭 (O)
→ 경쟁사보다 인식 정확도를 10% 이상 향상 (O)

② Possible

필 받고 흥분한 상태에서 세우는 계획은 필이 떨어지면 국밥행이 된다. 내가 세운 목표가 자꾸 망가지면 '나란 인간은 이것밖에 안 되나?' 하는 자괴감이 들고 더 하기 싫어진다. 이때 실현 가능한 (Possible) 목표를 세우면 이루기 쉽고, 이루고 나면 자신감이 뿜뿜

나는 대학 생활이 처음인데요

솟으면서 의욕이 올라 또 다른 일을 할 수 있는 힘이 생긴다.

그렇다면 Possible한 목표란 어느 수준을 의미할까? 뇌과학자들은 인간의 뇌가 자꾸 원래대로 돌아가려고 하는 습성이 있다고 한다. UCLA 의과대학의 로버트 마우어 교수는 '의지력이 소모되지 않은 작은 반복으로 습관을 만들라.'고 조언한다. 뇌가 변화라고 알아차리지 못하는 작은 변화를 주다 보면 성장을 이뤄 갈 수 있다는 것이다. 마치 운동할 때와 비슷하다. 전공책 들기도 힘겨운 사람이 갑자기 내일부터 100kg 역기를 들다가는 골로 갈 수 있다. 자신의 현재 수준을 파악하고 단계적으로 조금씩 높여 가야 한다.

습관의 대가들은 습관이 바뀌는 데 '21일'이 필요하다고 말한다. '내가 가능한 공부량 +아주 조금만 추가'하여 3주 동안 하면, 그것이 내가 소화할 수 있는 양으로 업그레이드되는 것이다. 이렇게 '가능한 수준 +1'로 '3주 후에 뵙겠습니다' 방식으로 진행하면 어느새 당신의 실행력은 넘사벽이 되어 있을 것이다.

[예시] 현재 토익 점수가 200점대 신발 사이즈인데 한 달 안에 토익 900달성 (X)

→ 한 달에 토익점수 100점씩 올리기 (O)

→ 주 5일 R/C, L/C 챕터 1개씩 풀기, 토요일 오전 복습 (O)

[예시] 새벽에 일찍 일어나기 (X)

→ 기상 시간 20분 당기기 (O)

→ (3주 후) 20분 추가로 당겨서 기상하기 (O)

하루의 계획 세우기

PN을 적용해 단기목표를 세웠다면, 이를 토대로 나의 하루를 계획해 보자. 시간 관리를 '주 단위'로 하고, 또 같은 방법으로 하루하루를 관리할 수 있다. 여러 시간 관리 비법을 적용해 본 필자가 다음과 같은 방법을 제안하고자 한다. 그대로 활용해 보거나 또는 나에게 맞게 변형해서 사용해도 좋다.

① To do list 작성

주중에 해야 할 일들, 스케줄 등을 확인하여 To do list(해야 할 목록)를 작성한다. 몇 분 안에 걸리는 작은 일들은 묶어도 좋다.

② 우선순위 Best 5

목표의 핵심은 '우선순위'이다. 리스트에 적힌 일들 중에서 중요한 것부터 5위까지 순위를 매긴다. 이 순위를 매기지 않으면 당신은 리스트상에서 '친구와의 약속', '필기구 쇼핑'과 같이 쉬워 보이는 일들만 하게 될지도 모른다.

③ 걸리는 시간 파악

토익 R/C 1챕터를 푸는 데 시간이 얼마나 걸릴까? 각 과업을 하는 데 걸리는 시간을 근접하게 예상해야 짜임새 있는 계획이 나온다. 이를 알고 싶다면, 초시계를 켜고 문제를 풀거나 공부를 하면서

나는 대학 생활이 처음인데요

감을 잡으면 된다.

④ 계획표 채우기

이제 오늘 하루의 계획을 채운다. 강의나 점심, 약속 등은 제외하고, 내가 이용할 수 있는 시간을 확인하여 오늘의 계획표를 채워 넣는다. 중간에 갑작스러운 변수가 생길 수 있으므로 숨 막히게 계획을 채우기보다 약간의 여유 시간도 두도록 한다.

⑤ 달성도 확인

계획대로 열심히 달려 보고 하루가 마무리되기 전에 얼마나 달성했는지를 반드시 체크한다. 달성도 확인을 했느냐에 따라서 성취도에 상당한 차이가 생긴다. 이 방법은 뒤에서 구체적으로 살펴보겠다.

줄줄 새는
시간 잡기

24시간이 모자라

공부도 잘 해내면서 여가 생활도 적절히 즐기고 싶고 스라밸 (Study and Life Balance)을 누리고 싶지만, 막상 되는 것 없이 바쁘기만 하다. 늘 시간에 쫓기다 보니 오늘 할 일은 자꾸만 내일의 나에게 부탁하게 된다. 시간을 늘릴 수도 없고 어떻게 관리하면 좋을까?

시간을 추가로 확보하는 방법으로 크게 두 가지가 있다. 첫째는 내가 놓치고 있는 시간을 발굴하는 것이다. '자투리 시간'을 찾아내서 공부나 원하는 활동에 이용할 수 있다. 둘째는 내가 뺏기고 있는 시간을 찾아오는 것이다. 게임, 드라마, 유튜브, 또는 사람 등 당신의 시간을 훔쳐 가고 있는 시간 도둑을 '잡았다, 요놈!' 하면 상당한 시간을 확보할 수 있다.

자투리 시간을 찾아라!

내가 하루 중 놓치는 시간은 얼마나 될까? 영국 신문 'The Sun'지에서 사람이 80년 산다고 했을 때 평생 사용하는 시간을 모아 봤다. 그 결과는 다음과 같다.

- 잠자는 시간: 25년(239,000시간)
- TV 보는 시간: 10년(87,600시간)
- 먹는 시간: 6년(52,560시간)
- 화장실 가는 시간: 3년(26,280시간)
- 기다리는 시간: 2년(17,520시간)
- 화내는 시간: 2년(17,520시간)
- 이성 바라보는 시간: 남자는 1년(8,760시간), 여자는 0.5년

  (4,320시간)

한 분야의 마스터가 되는 데 걸리는 시간이 10,000시간이라는 '만 시간의 법칙'을 생각해 본다면, 우리는 화장실에서 2.6개 분야를 정복할 수 있다. 화내는 시간에는 1.7개 분야를 마스터할 수 있다.

대학생에게 가장 크고 중요한 자투리 시간은 학교를 오가는 시간, 알바 오가는 시간 등 이동 시간일 것이다. 단순한 행동은 하고 있지만 뇌를 쓰고 있지 않다면 이때가 활용하기에 제격이다. '자투리 시간'이기 때문에 크지 않아도 된다. 아침에 잠자리에서 뭉그적거리는 10분, 화장실에서 보내는 시간, 전자레인지에 도시락 돌리는 1분도 해당될 수 있다.

아침에 눈떠서 자기 전까지 나의 하루를 스캔하며, 흘려보내고 있는 자투리 시간을 찾아보자. 모두 잡아내서 다 공부로 채울 필요도 없다. 한두 타임만 확보해도 어마무시한 일들을 해낼 수 있다.

자투리 시간에 걸맞은 일이 있다

'스토우 부인'은 자녀 여섯을 키우면서 눈코 뜰 새 없이 바빴다. 자투리 시간이라고 해 봐야 빵을 굽거나 주방에서 보내는 시간이 전부였다. 그녀는 그 시간에 머릿속으로 아이디어를 떠올린 후 메모를 했고, 자투리 시간을 통해 『톰 아저씨의 오두막집』이라는 위대한 소설을 출간했다. 후에 링컨 대통령이 이 책을 여러 번 읽으며 노예제도의 심각성을 느꼈고, 그녀를 만나 '당신이 바로 이 위대한 전쟁(남북전쟁)을 시작하게 한 작은 여성이군요.'라고 말하였다.

음식을 주문하면 나오기까지 시간이 걸린다. 당신이라면 이때 무엇을 할 것인가? 유튜브 영상 한두 개 보면 시간이 순삭될 것이다.

왈츠의 왕으로 불리는 '요한 슈트라우스'는 음식을 기다리는 시간 동안 메뉴판 뒤에 떠오르는 악상을 끼적끼적 낙서했다. 500곡이 넘는 왈츠를 작곡한 그에게 이때의 메모가 큰 역할을 했다고 한다.

자투리 시간에 하기 적당한 일들이 있다. 앞선 위인들처럼 아이디어를 떠올리거나 계획을 세우기에 좋다. 창의적인 아이디어는 가만히 앉아서 짜내려 하면 잘 안 나오지만, 자투리 시간이나 이동 시간에 슬그머니 고개를 드는 경우가 많다.

'듣는 공부'를 하기에도 제격이다. 자투리 시간에 예습·복습용으로 인강을 듣거나 어학 듣기 공부를 할 수도 있다. 팟캐스트를 통해 관심 있는 분야의 방송을 듣는 것도 좋다.

'보는 공부'를 하기에도 좋다. 책 등을 읽는 것도 괜찮지만, 암기하기에도 딱이다. 필자의 경우도 이동할 때 암기할 내용을 들고 다니며 중얼거렸는데 효과 만점이다. 이동할 때는 일단 졸 수가 없고, 걸으며 암기하면 뭔가 리듬감도 있고 머릿속에 잘 들어온다.

반대로 자투리 시간에 하기 적절하지 않은 일들도 있다. 여러 내용을 종합하여 정리하거나 자료를 만드는 경우가 그렇다. 집중해서 1시간 동안 해야 할 문서 작업을 10분씩 여섯 번에 나눠서 하면 효율성이 확 떨어진다. 긴 시간 집중해서 풀어야 하는 문제도 풀다가 멈추고 한참 있다가 이어 가려고 하면 흐름이 끊긴다. 식사할 때 고기 흐름이 끊기면 짜증이 올라오듯 시간도 통으로 확보해서 해야 하는 공부가 있고, 간식이나 디저트처럼 자투리 시간에 소화하기 좋은 일이 있다.

당신의 시간 도둑은?

필자는 대학생 때 게임 폐인이었다. 방학이면 하루에 17시간씩 게임을 했다. 내가 마법사인지, 마법사가 나인지, 꿈에서도 게임을 하며 제정신이 아니었다. 게임을 하다가 수업에 가지 않은 날도 있었다. 정신과 삶이 심각하게 망가지던 중, 게임을 잡아내면서부터 점차 자신을 찾아가고 성장할 수 있었다.

당신의 삶을 무너뜨리고 시간을 훔쳐 가는 시간 도둑은 무엇인가? 게임, 핸드폰, 유튜브, TV, 술, 귀차니즘, 때로는 스포츠나 사람도 시간 도둑이 될 수 있다. 이 도둑을 방치한다면 오늘의 시간을 넘어 당신의 인생까지 훔쳐 갈지도 모른다.

시간 도둑을 잡아내는 두 가지 원리

여학생과 남학생이 점점 가까워지면서 썸을 타던 찰나, 한 명이 외국으로 떠났다. 1년에 한 번밖에 만날 수 없는 상황이라면 두 사람이 가까워질까, 아니면 멀어질 가능성이 높을까? 안타깝지만 눈에서 멀어지면 마음에서 멀어질 가능성이 높다.

반대로 두 사람이 수업도 같이 듣고, 스터디도 같이하고, 식사도 같이하고, 프로젝트와 공모전 준비도 같이하다 보면, 잘 모르던 사람도 어느새 친해지고 마음이 생기게 된다. 드라마에서 연인이나

나는 대학 생활이 처음인데요

부부 역할로 나왔던 두 사람에 대한 열애설이 터지거나 실제로 연인이 되는 경우가 많은 이유이기도 하다.

습관에 대해서는 이 명언을 기억하면 좋다. 'Out of sight, Out of mind.' 눈에서 멀어지면 마음에서 멀어진다. 당신의 시간 도둑을 일단 눈에서 안 보이게 하자. 핸드폰이 문제인가? 공부하는 시간에는 데이터와 와이파이를 끄고 눈에서 안 보이는 곳에 두자. 어제 먹고 남은 맥주 캔이 있다면 책상에서 치우자. 보는 순간 '캬, 한 잔 당긴다!' 하는 마음이 들 것이다.

자꾸 술 먹자고 하는 친구가 있다면 어떻게 하면 좋을까? 과감히 손절……?! 사람은 소중하므로 쉽게 손절하지는 말자. 다만 약속은 컨트롤이 가능하다. '오늘은 일이 있어서 어렵고, 금요일이나 토요일 저녁에 시간 어떠니?' 하면서 조절할 수 있다. 시간은 당신이 가지고 있는 유일한 동전이다. 다른 사람이 대신 써 버리지 않도록, 내가 주도적으로 사용하자.

집에서 혼자 공부하려면 오만 가지 잡생각이 들고 집중이 어렵다. 그럴 땐 다른 사람들의 도움을 받거나 '할 수밖에 없는' 시스템을 만들면 도움이 된다. 집에서 홈트레이닝만 해서 몸을 만든다?! 이건 의지가 하늘을 뚫을 사람이 아닌 이상 난도가 헬이다. 이때 지독하게 당신을 괴롭히고 운동시키는 악마 같은 트레이너가 있다면 단기간에 다이어트와 몸만들기가 가능할 수 있다.

그리고 내돈내산(내가 돈 내고 내가 사는) 방식으로 스터디에 가입하거나 학원이나 트레이닝을 등록하면 아까워서라도 하게 된다. 스터디에 보증금을 걸면 아까워서라도, 또는 내가 공부를 안 한 것 때문에 남에게 피해 주기 싫어서라도 공부하게 된다. 이처럼 할 수밖에 없는 상황에 나를 몰아넣으면 일단 공부를 시작할 수 있게 된다. 시작이 반이라는 이야기가 괜히 있는 게 아니다. 일단 스타트만 끊고 나면 그다음부터는 몰입하고 집중하며 공부의 탄력을 받을 수 있을 것이다.

　시간 도둑은 눈에서 멀어지게 하자. 또는 강제적으로 할 수밖에 없는 시스템에 나를 몰아넣자. 분신술을 쓰지 않아도 당신이 해내는 일들이 늘어날 것이다.

287배의 수익을 주는
시간 기록

기록이 주는 변화

1만 원의 투자로 287만 원의 수익을 낼 수 있다면 당신은 투자하 겠는가? 당연하다마다! 빚투, 영끌을 해서라도 해 볼 것이다.

하루는 24시간, 1,440분이다. 당신이 이 중 5분만 투자한다면, 1,440분의 5분의 시간, 즉 하루 중 288분의 1인 5분으로 나머지 288분의 287인 1,435분의 품질이 나아질 수 있다. 당신은 '5분의 기록'을 통해 무려 287배의 어마무시한 마진이 남는 시간 장사를 할 수 있는 것이다.

미국 통계분석기관 스테티스틱 브레인의 발표에 따르면, 미국인 중 9%만이 새해 목표를 달성했고 91%는 달성에 실패했다고 한다.

특히 '명시적으로 목표를 작성한 경우'가 그렇지 않은 사람보다 목표 달성 확률이 10배나 높았다. 목표를 단순히 생각만 하지 말고 눈에 보이게 기록해 두자. 자꾸 보다 보면 어느새 마음에 자리 잡게 된다.

경영학의 아버지로 불리는 '피터 드러커'는 '시간을 기록하라.'고 주문한다. 여기에서 '기록'은 '내가 실제로 보낸 하루'를 의미한다. 이렇게 기록하고 나면 내가 얼마나 놀자판으로 정신을 놓고 지내는 지를 적나라하게 볼 수 있다.

필자도 '피터 드러커'의 이야기를 듣고 도전해 보았다. 게임 폐인 이던 삶에서 의지를 갖고 도전한 첫해, 목표의 45%를 달성하며 'D' 라는 학사경고 수준의 처참한 결과를 마주했다. '나는 의지박약이 야, 안 되나 보다.' 하는 생각이 들었지만 '기록'하는 습관만큼은 지속했다. 그랬더니 다음 해에는 C대로 진입하고 이듬해는 B를 달성하여 현재 B+까지 달성했다. D에서 출발해서 B+까지 했으면 정말 우쭈쭈 칭찬받을 만하지 않은가? 꼴 보기 싫었던 자신이 이제는 조금 대견해지는 듯하다. 이렇게 목표를 적고 실제로 보낸 시간을 기록하는 것만으로도 놀라운 변화가 시작된다.

'나는 네가 지난 5월 7일 13시에 한 일을 알고 있다.'

이 정도 수준이 되게 기록한다면 시간 관리가 꼼꼼하다고 할 수 있다. '아무것도 하고 있지 않지만, 오늘은 더 적극적으로 아무것도

나는 대학 생활이 처음인데요

하기 싫은 판국에, 어떻게 저렇게까지 남기나? 귀찮고 일이 많아지겠네.' 싶을 수 있지만 의외로 쉽고 간단하다.

플래너 등을 이용하여 내가 하루 중 공부, 또는 근무한 시간대에 무엇을 했는지 아주 간략하게만 적는 것이다. 피터 드러커는 일을 하고 '바로바로' 적는 것이 좋다고 권한다. 필자는 2~3시간 단위로 한 일을 적는다. 예컨대 '13~15시 진로의 이해 리포트, 15~16시 티 타임, 16~18시 수업'처럼 요약해서 기록한다. 이렇게 적고 나면 내가 하루를 어떻게 보냈는지를 한눈에 볼 수 있다.

물론 계획대로 안 되고 놀다 망한 날도 있다. 중요한 포인트는 계획을 말아먹더라도 그대로 적는 것이다. '13~17시 넷플릭스 보다가 망함'과 같이 적고 나면 이날 밤에 깨달음이 찾아온다. '아, 내가 하루를 제대로 말아먹었구나. 오늘 공부를 조지고 오려고 했는데 조져지는 것은 나였구나.'

이미 망친 하루인데 이렇게 적는 게 무슨 의미가 있을까 싶겠지만, 아니다. 굉장히 큰 의미가 있다. 국밥행의 오늘을 보며 반성할 수 있고, 내일은 다시 해 보자는 의지를 다질 수 있다. 기록이 없다면 이러한 성찰도 없고, 당신은 한 달을, 아니 학기나 방학을 통째로 날려먹을 수도 있었다.

변화의 여정을 시작하기 위해서는 '자기 인식의 부츠'부터 신어야 한다. 기록이 나의 현실을 파악하게 해 주는 그 부츠가 되어 줄 것이다.

점수와 한마디를 남긴다

하루를 돌아보며 달성도나 만족도에 따라 점수를 줄 수 있다. 필자는 ABC 학점을 주고 있다. 이런 체크는 매일 하는 것이 좋으나, Possible의 차원에서 주말은 아예 비워 두고 편하게 쉬는 자유의 날로 정하는 것도 괜찮다.

안타깝게도 계획을 말아먹은 국밥 DAY였다면, 그 원인을 파악하고 간단하게 한마디로 남길 수 있다. '유튜브 추천 영상 클릭 금지', '님아 연관 기사를 클릭하지 마오.'처럼 말이다. 이런 문구가 보이는 순간 내일은 조금 더 조심할 수 있다.

하루에 대한 감사의 한마디를 남기는 것도 좋다. 감사할 거리가 없을 때 남기면 더 좋다. '졸다가 계획을 말아먹었지만, 피로가 회복되어 감사하고, 정신 차려야겠다는 마음이 들어서 감사하다.'처럼 말이다.

하루를 마무리하며 감사를 기록하면 긍정의 힘과 회복의 에너지를 얻게 될 것이다.

디지털 방식으로 체크하기

컴퓨터, 온라인으로 공부하는 시간이 주를 이룬다면 디지털 방식으로 시간 관리를 하는 것도 괜찮다. 참고로 필자는 플래너를 쓰다

장한별 대표의 시간관리 양식지(엑셀) :

To do list

할 일	소요시간	달성	비고
책쓰기. 챕터3	9-11	○	2
교재. S대 교수법	11-12:30	○	1
블로그 포스팅	1:30-2	X	
과제. HRD연구	2-4	○	3
스터디. 스피치	4-6	○	

Burner list

할 일
구독 구매 (스피커)
축과모임 멤버 모임

Time table

시간대	8/31 월	9/1 화	9/2 수	9/3 목	9/4 금	9/6 일	9/7 월	9/8 화	9/9 수	9/10 목	9/11 금	9/12 토
9-10	교수법 촬영	강의 영상 전 영상 서치	이동. 영어	페이퍼체크	책 수정	스피치	강의 자료	강의 준비 편집실	강의 대화	강의 대화	구매
10-11	이동 중 Eng		프로그램개발 수업	책 구매.	책 수정	책 되고	강의 대화	강의 대화 모드그램	강의 대화 신고 페이	강의 대화 편집 영	교재 변역
11-12	h. 헤어컷			책 수정		강의 목포	강의 목포 프로그램	Eng	교재 변역
12-1	1:30~ 촬영 책쓰기		강의. 대화 대화원 수업	책 수정	강의 목포	강의 목포	강의 대화	대
1-2	교수법 촬영 책쓰기		강의. 대화 1책 수정	책 수정	강의 목포	강의 목포	강의 대화	출판사 계약	교재 변역
2-3	교수법 촬영 Z		강의. 대화 Z	책 수정	유튜브 촬영	강의 대화 매일 담 수		교재 변역
3-4	교수법 편집 발/점			책 수정	책 되고	강의 대화원 모드그램		교재 변역
4-5	교수법 편집 대화원수업				연구방법	변역		컴퓨터 세팅 편집 완료
5-6	교수법 편집 8:30-12:30			8.30				
6-7				m. 친구	책 수정			
달성도	A+ 5.1	A 5	A 5	A- 4.8	B 4	A 4.9	A+ 5.1	A 5	A 5	A+ 5.1	A- 4.5	B+ 4.2
				0.5							0.7	4.933333

9월말 4.609166667

가 지금은 '엑셀'로 시간 관리를 하는데 꽤 효율적이다. 엑셀은 모두 칸으로 이루어져 있기 때문에 자연스럽게 시간표의 역할을 해 주며, 계산이 편리하기 때문에 종합 점수 등을 확인하기에도 좋다.

제일 위에는 오늘 해야 할 To do list를 적는다. 필자는 중요한 일의 경우, 1~3위까지만 체크하는 편이다. 소요 시간에는 2H처럼 적거나 또는 하루 중 언제 할지를 적기도 한다.

참고로 'Burner list'에는 간단히 처리해야 하는 크게 중요하지 않은 잡일을 적는다. 이런 일들도 To do list에 적으면 하루에 해야 할 일이 많은 것처럼 느껴지며 우선순위 선별에도 시간이 더 걸리기 때문이다.

밑에는 실제로 보낸 하루를 기록한다. 의미 있게 보냈다면 녹색을, 놀거나 흘려보냈다면 빨간색을 입힐 수도 있다. 필자는 주 6일 계획을 세우고 실천하여 점수를 주며, 주 점수, 월 점수, 한 해의 점수로 종합한다. 이렇게 하면 한 달의 성취, 한 해의 성취가 한눈에 들어온다. (이 양식지는 책 마지막에 있는 '어서 와, 후기는 처음이지?'를 통해 얻을 수 있다.)

앱을 이용해서 시간 관리를 하는 것도 가능하다. '투두 메이트', '시간표 타임스프레드'나 '에브리타임'은 무료로 이용할 수 있는 앱으로, 시간표 기능과 할 일 체크 용도로 사용할 수 있다. 그 외에 학교 정보나 게시판 등도 있어서 정보 공유에도 도움이 된다. '워크플로위(workflowy)'도 무료 어플인데 일정을 기록한 후 한 일은 지울 수 있으며, 상위에서 하위로 내려가며 생각을 정리하기에도 좋다.

나는 대학 생활이 처음인데요

앱 '애브리타임'과 '타임 스프레드' :

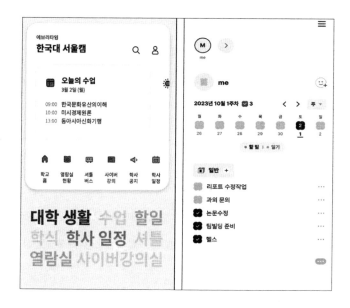

　　시간 관리를 위해 여러 앱을 사용하는 것보다 나에게 맞는 방식 한 가지를 활용하는 것이 나아 보인다. 기록을 위한 시간이 번거롭거나 너무 많이 소요되지 않도록 딱 필요한 만큼만 할당하자. 앞서 제시한 것처럼 하루에 5분 정도면 충분하다. 짧은 시간이지만 '기록'에 투자한 당신의 노력이, 하루 중 나머지 1,435분의 시간의 질을 높여 287배의 고이율을 선사해 줄 것이고, 당신의 대학 생활은 빛나는 성취의 잔고로 가득해질 것이다.

★ 3장 세 줄 요약 ★

1. 목표, '우선순위'로 좁히고 PN으로 정복하자.

2. 자투리 시간에 적합한 공부를 하고, 시간 도둑은 '잡았다 요놈' 해 버리자.

3. 기록의 습관으로 287배의 시간 수익을 얻는다.

◀ 미션 3. 당신의 '하루' 구출 작전 ▶

● 오늘 하루를 어떻게 보냈는지 시간대별로 체크해 보자. 월~금요일까지 한 주간 점검해 보자. 당신이 하루를 얼마나 구출했는지 성취도를 확인하고 느낀 점이나 각오를 적어 보자.

● 후기를 통해 나에게 맞는 시간관리 양식지를 다운받아서 활용할 수도 있다.

(p. 315)

● 참고 영상 : '경영학 아빠'의 시간 기록법 / 10년 적용하니 생긴 일.

▶ 참고 영상: '경영학 아빠'의 시간 기록법 / 10년 적용하니 생긴 일

Part 2

대학 공부 스킬트리

대학 공부 조지기 전략

대학교 수업,
어떻게 들을까?

고등학교와 비슷한 듯 다른 대학 공부

새내기들은 대학에 오니 공부의 성격이 달라졌다며 적응에 어려워하는 경우가 있다. 고등학교 때는 담임 선생님이 여러모로 공부를 시켜 주셨으나 대학생은 공부를 하든 말든 본인의 자유이다. 무엇을 어떻게 해야 할지 꼼꼼하게 알려 주지도 않고 일일이 체크해 주지도 않아서 철저하게 자기 주도적으로 공부해야 한다. 비판적인 사고 수준도 높게 요구되며 학습의 범위도 넓어지고 효율적으로 공부해야 할 필요성이 커진다.

또한 학과나 동아리, 대외 활동 등 여러 활동을 통해 다양한 사람들을 만나게 되는 등 사회적인 참여도 높아지는 때이다. 이에 따라

학문적인 공부뿐 아니라 사람에 대해서도 배워 가게 된다.

인문·사회 계열의 경우 특히 장문의 글쓰기 과제가 머리를 쥐어짜게 만든다. 사고력을 요구하는 리포트, 백지를 가득 채워야 하는 시험은 공포 그 자체이다.

이공계의 경우 고등학교의 공부와 성격적으로 큰 차이는 없으나 난도가 헬급으로 올라간다. 기초 지식이 부족한 상태로 듣게 되는 과목은 첫 시간부터 소화가 안 되어 토 나오는 학기를 보낸다. 실험과 해야 할 공부가 끝도 없어서 고등학생 때 못지않게 별을 보고 나와서 별 보고 들어간다고들 말한다.

대학교 공부는 기본기를 갖추고 이를 토대로 고차원적인 사고를 요구한다. 신교육목표 분류를 보면, '기억하기−이해하기−응용하기−분석하기−평가하기−창조하기'의 순이다. 고등학교 때는 기억하고 이해하는 정도의 수준이 많았다면, 대학교에서는 분석·평가·창조하기의 수준까지 요구한다.

그렇다고 암기해야 할 것이 없나? 그렇지도 않다. 대학 공부가 고차원적이라고 해서 나의 뇌피셜을 마구 늘어놓는 것은 결코 아니기 때문이다. 용용·활용·창조 등은 알고 있는 내용을 기반으로 이루어지기 때문에 새롭게 익혀야 할 분량도 상당하다. '대학생인 줄 알았는데 고등학교 4학년이다'라는 소리도 나온다.

암기해야 하는 공부도 있고, 때로는 암기해도 절대 풀 수 없어 고민이 필요한 문제도 있다. 고등학교 때보다 난도가 올라가는 것은 확실하다.

책보다 무서운 인간 공부

고등학교 때와의 큰 차이점 중 하나는 수업 중 발표나 조별과제가 빈번하다는 것이다. 사람들 앞에서 대표로 수업 내용을 전해야 하는 경우는 도망가고 싶을 만큼 꽤나 부담스럽다.

팀 프로젝트를 같이하다 보면 사람에 대해 알아 가게 되거나, 또는 인간에 대한 분노를 쌓아 가게 된다. 나 혼자 공부하면 마음 편하고 좋을 텐데 꼭 조별과제가 발목을 잡는다. 대학 공부는 전공에 대해 알아 가는 동시에 사회생활을 맛보기 시작하는 시기이기도 하다. 그렇다고 너무 겁먹지는 말자. 스트레스를 주는 만큼, 반대로 행복과 힐링을 주는 존재도 사람이다. (과제나 발표에 대한 부분은 'Part 3'에서 살펴보겠다.)

전공 + 취업 준비, 두 마리 토끼

대학 수업은 고등학교 때와는 달리 수업 사이에 공강도 있고 시간표를 짜기에 따라 주사파(주 4일)로 아예 하루를 비울 수도 있다. 시간이 꽤 남으니 공부하기에 널널할 것 같지만, '시간이 되게 남는다'는 이야기는 '공부를 어지간히 안 한다'는 소리와 같을 수 있다.

전공 공부와 과제는 물론 수업 외에도 취업 준비를 위해 필요한 자기 계발을 해야 한다. 토익 등 영어 점수가 필요한 경우도 있고, 전공 분야에 따라서 권장되는 자격증이 있으며, 국가고시를 치러야 하는 경우도 있다. 그뿐인가! 스펙을 위해 공모전이나 대외 활동에 참여하려면 몸을 쪼개도 시간이 부족하다. 잔디밭에서 소풍을 즐기고 매일 밤 '파티 투나잇' 하기에는 취업 시장이 그렇게 만만치 않다.

더군다나 대학생은 성인이기 때문에 전공 외 공부나 취업 준비에 대해서 누구도 '지금이 이걸 준비할 좋은 타이밍이야!'라고 알려 주지 않는다. 대학이라는 게임판에 앉았다면 이제 자기 주도적으로 패를 돌리고 두 마리 토끼를 모두 잡는 타짜가 되어야 한다.

대학교 수업, 이렇게 듣자

수업 관련된 공지 사항은 꼭 체크하자. 수업 방식, 과제 제출 일자나 시험 안내 등을 놓쳐서 실수하는 학생들이 꼭 있다. 대학에서는 누구도 과제나 공부를 독촉하지 않는다. 그저 결과를 보고 평가할 뿐이다.

출석은 기본이며 성실함의 잣대가 된다. 한 수업에서 나가는 진도가 꽤 되고, 고등학교 때처럼 전공 수업에 대해 알려 주는 학원도 없으므로 수업은 빼먹지 않는 것이 좋다. 몇 번 이상 빠지면 자동으로 학점이 F 처리되는 규정도 있다. 혹여나 피치 못할 사정으로 빠졌다면 교수님께 꼭 말씀드리고 친구를 통해서라도 내용을 따라잡도록 하자. 출석을 소홀히 한다고 누구도 미리 경고해 주지 않는다.

스스로 챙겨야 한다.

대학교 수업은 자리가 지정되지 않는 경우가 많다. 조금 일찍 오면 원하는 자리를 택할 수 있다. 어디에 앉건 자유지만 PPT 슬라이드 등을 잘 볼 수 있는 비교적 앞쪽이나 중간 자리를 추천한다. 반짝이는 눈빛으로 수업에 집중하면서 리액션도 하고 종종 질문도 하면 교수님께 눈도장을 찍을 수 있다. 필자도 강의하는 입장에서 수업에 집중하고 참여하는 학생을 보면 압도적으로 감사의 마음이 든다. 자연스레 교수님의 좋은 버프 효과를 누릴 수 있을 것이다.

수업에서 예습과 복습도 중요하지만, 높은 효율성으로 공부하는 학생들은 '수업 중'에 내용을 상당수 정복한다. 간혹 녹음해서 강의 내용을 다시 듣는 경우도 있는데, 저작권상의 이슈가 있기도 하고, 무엇보다 제대로 다시 듣는 경우가 흔치 않다. 수업 시간에도 집중하지 않는데 수업 후에 그 내용을 집중해서 다시 듣는 것은 시간 낭비이기도 하다. 나름의 필기 전략과 함께 확실히 집중하면서 수업을 듣는 것이 되레 시간을 아끼는 길이다.

수업 본방을 사수하라! 그러고 나서 필요하다면 친구와 함께 스터디를 통해 수업 내용을 같이 복습할 수도 있다.

온라인 수업, 이렇게 준비하자!

코로나19 이후로 상황에 따라 온라인 수업이 진행되는 경우가 있다. 이때도 수업 참여에 무리가 없도록 준비해야 한다. 먼저 실시간 온라인 수업의 경우, 강의가 진행되는 시간대를 잘 확인한다.

온라인 수업을 위해서는 '비디오(얼굴)'와 '목소리'가 들어가야 한다. 노트북이라면 두 가지가 한 번에 해결 가능하다. PC라면 비디오와 목소리 입력 장치가 별도로 있어야 한다. '웹캠'을 하나 구비하면 되며, 가격대는 저가형도 많이 있다. 수업에 따라 '비디오'가 나와야 출석으로 인정되는 경우도 있고, 때로는 '오디오'를 열고 토론을 하는 경우도 있으므로 준비하기를 권한다. 정 상황이 어렵다면, 교수님께 양해를 구하고 PC와 핸드폰으로 함께 수업에 접속하여 핸드폰으로 비디오(얼굴)가 나오게 할 수도 있다.

그러나 핸드폰만으로 온라인 수업에 참여하지는 않기를 권장한다. 일단 화면이 작을뿐더러 수업 중 채팅이나 인터넷 검색, 전자교재 확인 등도 불편하다. 다른 학우들의 얼굴도 전체적으로 눈에 들어오지 않는다. 핸드폰 접속은 편해 보이나 배움에 있어서는 잃는 것들이 많다.

인터넷 환경의 경우, 다수가 이용하는 공공 와이파이를 쓰다 보면 끊기는 경우가 있다. 이런 상황은 스티브 잡스가 살아 돌아온다고 해도 해결해 주지 못한다. 나 혼자 버퍼링의 수업을 듣지 않도록 빵빵한 인터넷 환경에서 접속하자. 수업 중 내가 말을 하는 상황도 발생할 수 있으므로 주변 소음이 없는 곳에서 접속한다. 카페는 사람들의 수다와 음악 소리 등의 소음이 크므로 주의가 필요하다. 방 안에서 참여하면 크게 무리가 없다.

첫 수업은 조금 일찍 접속하자. 비디오, 오디오 등도 미리 테스트해 보고 온라인 플랫폼(ZOOM, Google Meet, Webex 등)에도 익숙해지는 시간을 갖자. 보통 말하지 않을 때는 '오디오'를 음소거하고, '비디오'는 수업 중에 ON으로 한다. 수업 중에 교수님의 질문에 '오디오'를 열고 답하기 부담스럽다면 채팅으로라도 반응하자. 학생들의 반응이 보이지 않아 답답한 교수님께 눈도장을 찍을 기회가 될 것이다. 실시간 수업이 아닌 업로드된 '동영상 강의'를 보는 방식이라면 편한 시간에 편한 장소에서 보면 된다. 이때야말로 주의 집중이 깨지고 영혼이 떠나가기 좋은 때이다. 당신이 동영상을 켜 놓고 소환사의 협곡에 가든, 동영상을 밀리고 밀려서 8주치를 한 번에 보든 당신의 자유이지만, 배움을 놓치고 '씨(C학점) 뿌리는 교수님'을 마주하게 되는 쓰디쓴 대가도 치러야 한다.

대학생인 당신은 이제 스스로 공부해야 한다. 온라인 환경에서 학습 격차는 더 크게 벌어진다. 온라인 수업에서 '정신 차려, 이 각박한 세상 속에서!'라고 외치며 자신을 다잡지 않으면 나중에 배로 고생한다는 사실을 잊지 말자.

공부, 따라가기 어렵다면?

"수업이 너무 어려워요. 한국말인데도 뭔 소리인지 못 알아먹겠어요."

나는 대학교 수업을 따라가기도 어려운데, 다른 학생이 질문하고 대답하는 걸 보면 자괴감이 들고 괴로울 수 있다. 일단 위로 아닌 위로를 건네자면, 당신만 그런 것은 아니다.

당신이 두려워해야 할 것은 '모르는 것'이 아니라 '묻지 못하는 것'이다. 모르면 우선 자신에게 물어보며 다시 보고 궁리하라. 그래도 모르겠다면 동료나 선배에게 물어보라. 그래도 어려우면 교수님께 상담을 요청하고 찾아가서라도 방법을 찾으라.

어려운 과목이라면 관련 기초 지식이 부족한 경우일 수 있다. 예컨대 고등학생 때 수능 선택에서 '물리'를 버리면 대학교 '물리학 수업'이 외국어처럼 느껴질 수 있다. 실제로 대학교 수업이 어려워서 관련 기초 지식을 과외받는 학생들도 종종 있다. 혼자 해결하기 어렵다면 선배나 학과, 교수를 찾아가라. 학교마다 '멘토링 제도'를 운영하여 선배에게 도움을 받을 수 있도록 지원해 주는 경우도 있다.

모르는 것은 부끄러운 일이 아니다. 모르는 데도 아는 척하고 알기 위한 노력을 기울이지 않는 모습이 부끄러운 것이다.

▶ 참고 영상: 고등학교와 달라진 대학 공부와 수업 클래스를 파헤쳐 보자!

효율 업!
예습과 복습 전략

공부는 한 방이 아니다

책을 보면 한 번에 뇌리에 꽂히고, 한 번 중얼거리면 완벽하게 암기되고······.

이런 놀라운 공부가 가능할까? SF 영화에서나 가능할지 모르겠다. 쉽게 공부하고 싶고 빨리 처리하고 싶은 마음은 이해하지만, 당신이 알파고가 아닌 인간인 이상 불가능한 일이다.

공부는 한 방에 해결할 수 없지만, 어떻게 내용이 머릿속에 들어오는지에 대한 원리를 이해하면 현실적으로 공부 효율은 높일 수 있다.

어느 순서로 공부할까?

당신 앞에 정복해야 할 9개의 내용이 있다. 어느 내용부터 시작해서 어느 순서로 공부하겠는가? 물론 '굳이 고민할 게 있나?' 싶을 수도 있다. 당연히 1장을 공부하고 다음으로 2장 보고 3장 공부하면 되지 않을까?

9개의 내용이 '밥'이라고 생각해 보자. '핵심 내용'은 큰 밥숟가락, '세부 내용'은 작은 밥 덩어리, '더 세부 내용'은 밥알이다. 학점에 배고픈 당신은 무엇부터 드시겠는가? 당연히 큰 밥숟가락일 것이다. 배고파 죽겠는데 밥알을 먹어서 어느 세월에 학점의 배를 채우겠는가? 교수님들이 시험을 낼 때도 '핵심 내용'에서 문제를 많이 가장 내고, 변별력을 위해 밥알급 문제도 종종 나온다.

처음부터 밥알을 잡으려고 하면 내용이 머리에 잘 들어오지 않아

공부의 순서 정하기 :

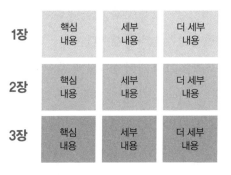

시간이 많이 소요된다. 공부할 시간이 부족할 경우, 후반에 공부하려고 한 3장은 놓치는 부분이 많을 수도 있다. 교재 앞부분은 공부의 신처럼 필기하고 꼼꼼히 체크하지만, 뒷부분은 아무도 밟지 않은 눈처럼 깨끗한 새 책의 상태가 된다.

이때는 오히려 각 장의 핵심적인 내용을 먼저 공부하여 습득하고 나서, 다시 보면서 세부적인 내용을 잡고, 다시 보면서 더 세부적인 내용을 잡으며 병렬식으로 공부하는 것이 효과적이다. 전체적인 흐름이 머리에 들어온 상태라면 그 안에 포함된 작은 내용들은 더 쉽게 익힐 수 있다.

기네스북 속독가가 추천하는 방법

세계에서 책을 가장 빨리 읽는 사람은 하루에 몇 권을 읽을까? 기네스북에 오른 '하워드 스테판 버그'는 책 한 권을 읽는 데 10분이 걸리며, 하루 10시간이면 60권을 읽는다고 한다. 책을 보는 것이 눈알인지 총알인지 그저 놀라울 뿐이다.

대학교에서 교재를 그와 같이 번갯불에 콩 구워 먹듯이 읽자는 이야기는 아니다. 그러나 그가 이야기하는 책 읽기의 원리를 곱씹어 볼 필요는 있다. 교재가 잘 읽히지 않은 경우, 한 번의 읽기로 모든 내용을 얻으려고 욕심을 부리는 것일 수 있다. 그러다가 생각대로 되지 않으면 이내 포기하고 흥미를 급속히 잃는다. 이런 패턴이 반복되다 보면 이제는 교재 보기가 두려워지며 한 번 보기 위해서는 '세상을 구하는 수준의 결심'이 요구된다.

하워드 스테판 버그는 책을 읽을 때 단어 하나하나를 확인하지 않고 마치 풍경이나 분위기를 파악하듯이 본다고 한다. 당신이 캠퍼스에서 누군가를 한 번 마주치고 그에 대해서 모두 안다고 할 수 있는가? 우리 모두 인정하자. 책을 한 번 보고 그 내용을 모두 정복할 수는 없다. 따라서 교재를 처음 볼 때는 중간에 이해되지 않는 일부에 너무 꽂히지 말고 주요한 흐름, 핵심만 먼저 얻어 간다고 생각하자. 그의 말처럼 풍경을 보며 전체를 파악한다는 느낌으로 말이다.

가장 유명한 독서법, SQ3R

미국 오하이오 주립대의 프랜시스 로빈슨이 2차 대전 중에 개발한 독서법 'SQ3R'은 지금까지도 전 세계에서 활용되고 있다. 교재를 읽을 때 적용하면 유용하다.

① Survey(훑어보기)

곧바로 교재 내용을 읽기 시작하지 말고, 목차와 소제목, 핵심 개념을 우선 훑어본 후에 교재를 읽는 것이 내용 습득에 더 효과적이다. 마치 여행하기 전에 전체적인 지도를 보는 것과도 같다. 일반적인 수업의 예습을 이와 같이 해 보면 좋다.

② Question(**질문하기**)

인간은 호기심의 동물이다. 영혼에서부터 궁금함이 솟아나든, 아니면 궁금증을 의무적으로 찾아내든 질문이 생기면 자연스레 그에 대한 답이 찾고 싶어진다. 질문은 우리가 찾아야 할 보물 상자의 역할을 해 준다. 교재를 훑어보면서 질문을 뽑아 적어 보자. 독서든 수업이든 집중하는 데 꽤 큰 도움이 된다.

③ Read(**자세히 읽기**)

이제는 책을 제대로 읽는다. 앞의 ①, ②단계를 거치지 않았다면 맨땅에 헤딩하다 졸음의 수렁에 빠지는 느낌일 것이다. 하지만 앞서 훑어보면서 전체 지도를 획득했고, 질문을 통해 찾고 싶은 보물 상자를 점찍어 뒀기 때문에 책이 한층 더 잘 읽힐 것이다. 질문의 답을 찾는다는 생각으로 필요하다면 천천히, 또 여러 번 읽을 수 있다.

④ Recite(**되새기기**)

공부를 효율적으로 잘하는 사람들의 특징 중 하나는 공부가 끝나고 바로 책을 덮지 않고 '내가 무엇을 배웠지?'에 대해 체크하는 시간을 갖는다는 것이다. 이 단계에서는 내가 이해한 내용을 되새겨 본다. 간단하게 키워드 중심으로 적거나 말해 보자. 잘 기억나지 않는 부분은 다시 책을 보고 확인한다.

나는 대학 생활이 처음인데요

⑤ Review(**다시 보기**)

앞서 우리는 '인생 한 방, 공부 한 방'이 어려움을 정직하게 인정했다. 책을 본 후에 당장은 기억나는 것 같지만, 아직 장기기억에 제대로 자리 잡지 못하고 금세 기억 저편으로 떠나갈 가능성이 있다. 따라서 교재를 본 후에 다시 복습하는 시간이 필요하다.

책도 목적에 따라 읽는다

앞서 교재를 보는 체계적인 독서 방법을 살펴보았다. 독서법은 당신의 목적에 따라서 때때로 달라질 수 있다.

빠르게 후루룩 읽는 책이 있는 반면, 한 자 한 자 마음에 새기고 생각하며 읽어야 할 책도 있다. 예컨대 기억에 정말 담고 싶은 가치 있는 책이라면 그렇다. 필자의 경우 인생 책으로, 사람답게 사는 길에 대한 내용을 담은 『논어』와 지혜롭게 사는 전략이 담긴 『손자병법』을 꼽는다.

이 책의 원문은 50페이지나 되려나 모르겠다. 적은 내용이지만 한 번 읽고 끝이 아닌, 여러 번 생각하고 곱씹으며 체득해야 하는 내용인지라 천천히 4번 이상 읽었다. 시간이 지나고 보면 받아들여지는 의미와 깊이가 또 다르기도 하다.

때로는 빠르게 읽는 속독이나 필요한 부분만 찾는 발췌독이 적절한 경우도 있다. 공부 중간에 헷갈리는 부분이 있다면 해당 내용만 빠르게 찾아보면 된다. 이때는 삼천포로 빠져서 다른 챕터까지 봐서는 안 된다. 필자의 경우 어떤 책은 한 달을 읽기도 하지만, 필요한 내용만 찾아봐야 되는 책은 하루에 10권을 보기도 한다. 책을 보는 목적에 따라서 적절한 전략을 택하길 권한다.

예습, 지도와 보물 상자 확인

예습과 복습 중 어느 것이 더 중요할까? 예습을 잘하면 물론 나쁠 것이 없다. 다만 과도한 예습으로 인해 수업을 흘려들을 가능성도 있다. 방심하다가 중요한 내용을 놓친다거나 수업 시간에 멍 때리며 영혼 없이 보내는 것도 시간 관리 면에서 손해이다. 읽기 자료가 너무 많은 경우면, 우선순위를 정해 꼼꼼히 봐야 될 자료와 후루룩 봐도 되는 자료를 구분해서 본다.

수업에 앞서 '훑어보기'와 '질문하기' 단계를 참고하여 지도를 보고, 찾을 보물을 체크하는 수준의 예습을 한다면 수업도 알차게 들을 수 있을 것이다. 미리 준비한 질문의 답을 얻지 못해서 교수님께 질문까지 한다면, 눈도장은 보너스 보물이다!

다만 수업에 따라 '토론·토의'를 하거나 배운 내용을 토대로 '팀 활동'을 하는 경우가 있는데, 이때는 예습을 보통 때보다 더 철저하게 할 필요가 있다. 이러한 활동형 수업은 학생들이 이미 내용을 습득했다는 것을 전제로 이루어지기 때문이다.

나는 대학 생활이 처음인데요

복습, 묻고 더블로 가!

오늘 열심히 공부하면 마치 공부의 이치를 다 깨우친 것 같건만, 한 달 후에 다시 떠올려 보면 어떨까? 누군가 내 머릿속에 들어와서 지식을 통째로 훔쳐 간 느낌이다. 참담할 정도로 기억나지 않는다. 그러나 너무 절망하지는 말자. 나만의 일은 아니다. 모두가 까먹는다.

그런데 우리가 기억의 원리를 이해하고 복습하면, 기억의 파산을 막을 뿐만 아니라 이전보다 기억을 더블로 얻을 수 있게 된다. 독일의 심리학자인 헤르만 에빙하우스는 기억 실험연구를 통해 사람이

시간의 흐름에 따른 기억 망각 :

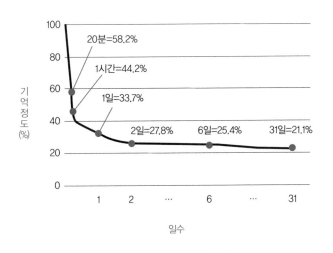

언제 어떻게 망각하는지를 밝혀냈다. 우리가 가장 많이 까먹게 되는 타이밍은 언제일까? 놀랍게도 공부 종료 후 20분 만에 배운 것의 42%가량을 날리게 된다. 책 덮자마자 이게 웬 날벼락인가? 그 이후에도 망각은 지속되지만 하루 지났을 때와 한 달 지났을 때가 크게 다르지 않다. 그렇다면 우리가 먼저 복습으로 기억의 누수를 잡아야 할 때가 언제일지 보이지 않는가?

공부 종료 후 10분 안에 복습을 했더니 다행스럽게도 기억이 치솟기 시작한다. 공부의 효율이 좋은 학생들은 공부 후에 바로 끝내지 않고, 이 10분 내 복습의 시간을 가진다. '내가 무엇을 배웠지?'를 스스로에게 물으며 확인하는 것이다. 이 첫 번째 복습이 가성비 최고의 시간이 된다.

시간이 지나면 기억은 또 점차 떨어지기 시작할 것이다. 명심하자. 많이 까먹으면 그만큼 더 고생해야 한다. 건물에 균열이 생기면 보수공사가 가능하지만, 무너진 후에는 처음부터 다시 지어야 한다. 공부 종료 후 10분 내, 1일, 1주, 1달의 시점에 따라 복습하면 최소한의 시간 투자로 최대의 기억 효과를 누릴 수 있다.

만일 당신이 책을 보지 않고 잘 설명할 수 있다거나, 전개 과정을 빈 종이에 적을 수 있다면 개념을 잘 습득한 것이라 할 수 있다. 이런 방식으로 복습하면 기억이 높은 수준으로 남을 뿐만 아니라, 점점 '장기기억'으로 당신의 머릿속에 뿌리를 내리고 당신과 하나가 된다. 그럼 그 어떤 시험도 당신 앞에 꾸벅 고개를 숙이게 될 것이다.

복습을 여러 번 한다는 것이 조금 두려울지도 모른다. 그러나 복

복습 시점에 따른 기억 증가 효과 :

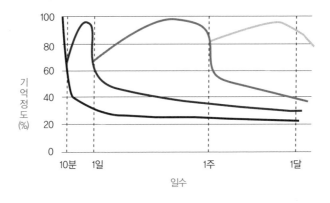

습은 처음이 어렵지, 그다음부터는 투자해야 할 시간과 노력이 줄어든다. 배웠던 내용을 스스로에게 물으며 모르는 부분만 다시 보고 익히면 되기 때문이다. 복습하는 시간을 효율적으로 갖자. 당신의 기억은 이전보다 배가될 것이다. 복습, 묻고 더블로 가자!

지식의 '가계도'를 그리면 머리에 쏙쏙

드라마 속에는 여러 인물들이 등장한다. 등장인물이 많아질수록 이해가 어려워질 수 있다. 이때는 가계도(트리맵)나 마인드맵으로 그리면 정리가 되어, 삼각·사각 애정 관계나 출생의 비밀 등 복잡한 관계를 쉽게 파악할 수 있다.

트리맵 활용의 예 :

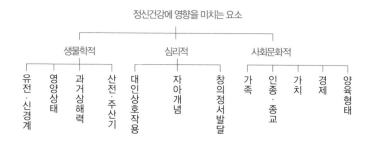

공부할 때, 내용을 머릿속에 텍스트 그대로 저장하려고 하면 자꾸만 에러가 나며 튕겨져 나오는 것만 같다. 이때는 서로의 관계를 선으로 표시하거나 마인드맵으로 그려 보면 이해가 쉬워진다. 마치 가계도를 그린다는 느낌으로 적어 보면 전체의 구조가 잘 이해될 수 있다. 큰 그림이 있으면 세부 내용이 머리에 잘 들어오게 된다.

공부의 효율을 높일 수 있는 명언 하나를 공유한다. 참고로, 화장실에서 본 문구이다.

"큰일을 해결하라. 그럼 작은 일은 저절로 이루어지리라."

★ 4장 세 줄 요약 ★

1. 대학교 공부, 고등학교 때와 달라서 만만한 놈은 아니다.

2. 인생 한 방, 공부 한 방 기대하지 말고, 여러 번 조지자. (SQ3R과 망각곡선을 기억하며)

3. 기억할 내용은 가계도를 그리며 쉽게 파악하고 습득하자.

나는 대학 생활이 처음인데요

─────

◀ 미션 4. 공부의 가계도 ▶

● 익힐 내용을 '구조화'하면 머릿속에 잘 들어온다고 하였다. 수업 내용 중에 나

오는 큰 개념을 하나 선택하자. 쉽게 이해되도록 가계도(트리맵)를 그려 보자.

▶ 참고 영상: 시간은 절반, 공부 효율은 두 배 [묻고 더블로 가] 복습법

5장

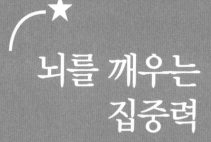

뇌를 깨우는
집중력

깨어나세요, 용사여

공부하려고 자리에 앉으면 졸음이 밀려온다. 집중력은 모르겠고 중력이 온 힘을 다해 내 눈꺼풀을 당기는 건 확실하다. 겨우 졸음이 달아나면 갑자기 어제 보던 드라마가 떠오른다. 문득 '그 드라마의 주인공은 어떻게 되었을까?' 안위가 걱정된다. 책상에 꽂힌 취미 서적과 낙서들도 눈에 띈다. 괜히 핸드폰만 만지작거리게 되고, SNS를 타고 가다 보면 어느새 전 세계를 여행한다. 이제 집중해서 공부하려고 보니 배가 고프다. 한 젓가락 먹고 나니 또 졸리기 시작한다. 공부에는 '한계'가 없다는데, 나는 오늘도 '한 게' 없다. 책상에 앉아 있기는 했지만, 스킬과 레벨은 쌓인 것이 없고 허공에 삽질한 느낌이다.

공부하는 척 페이크(fake)다, 이것들아!

알버트 아인슈타인은 '제대로 집중하면 6시간 걸릴 일을 30분 만에 끝낼 수 있지만, 그렇게 하지 못하면 30분이면 끝낼 일을 6시간 해도 끝내지 못한다.'고 하였다. 수업을 들으면서 집중하지 못하고 있다면, 당신은 시간을 버리고 있는 것이다. 수업 시간 외에 따로 더 많은 시간을 내서 공부해야 하기 때문이다. 혼자 공부할 때 딴생각과 딴짓에 빠져 있다면 당신은 인생을 낭비하고 있는 셈이다.

집중해서 공부한다면 성과도 내고 자신에게 쉴 시간도 줄 수 있지만, 집중 없이 오래 앉아 있다면 불쌍한 엉덩이만 고되게 할 따름이다. 당신이 공부한다는 시간 중 제대로 집중해서 공부하는 시간은 얼마나 되는가? 혹시 딴생각을 하면서 '페이크 공부'를 하고 있지는 않은가?

집중력, 가만두면 더 짧아진다

영국 로이드 TSB 보험사가 데이비드 목슨 교수팀과 함께 조사한 바에 따르면, 현대인의 집중 시간은 1998년에 12분으로 나타났지만 10년 후인 2008년에는 5분 7초로 줄었다. 지금 시점에서는 얼마나 더 줄었을지 모르겠다.

우리가 일상에서 접하는 콘텐츠는 주로 영상과 사진으로 짧고 간결하여 오랜 집중력을 필요로 하지 않는다. 더군다나 온종일 스마트폰의 알림과 메일, 각종 공지 확인 때문에 집중이 깨지기 쉬운 환경이 되고 있다. 유튜브처럼 짧고 자극적인 영상에 길들여져 있던 당신은 이제 몇 시간짜리 다큐멘터리를 소화해야 한다. 인별그램의 사진과 한두 줄 메시지가 일상이던 당신은 이제 그림 한 장 없이 삭막한 수백 페이지의 전공서적을 정복해야 한다.

당신의 본격적인 사회생활을 준비하는 대학생의 공부에서 집중력은 반드시 잡아야 하는 요소이다. 공부 중에 딴짓과 잡생각에 휘둘리고 있다면 특히 이번 장에 주의 집중을 해 보자.

나의 집중력을 확인해 보자

다음의 9가지 항목을 보고 나는 몇 개나 해당하는지 확인해 보자.
(미국 소아정신과학회 리스트에 기반하여 일부 문항 수정)

① 공부할 때 세부적인 내용에 주의를 기울이지 못해 자주 실수한다.

② 과제나 활동에 지속적으로 집중하는 것이 어렵다.

③ 다른 사람의 말을 경청하지 못한다.

④ 일을 잘 끝마치지 못하거나 오래 걸린다.

나는 대학 생활이 처음인데요

⑤ 정리 정돈을 못한다.

⑥ 지속적으로 집중해야 하는 일을 피하거나 싫어한다.

⑦ 물건을 자주 잃어버린다.

⑧ 사소한 외부 자극에 의해 쉽게 주의가 산만해진다.

⑨ 약속을 자꾸 잊는다.

몇 개나 해당되는가? 만약 6개 이상이 해당되고 6개월 이상 지속
된다면, 당신은 '조용한 ADHD'의 가능성이 있다. ADHD(주의력결
핍 과잉행동장애)라고 하면 진득하게 공부하지 못하고 집중력 없이
산만한 모습이 떠오를 텐데, 여기에서 주의력만 떨어지는 것이 조
용한 ADHD로, 전체 ADHD의 20% 정도를 차지한다고 한다. 나
의 집중력, 괜찮은 걸까?

세계적인 명사들의 집중력은 어떨까?

두말할 나위가 없는 레전드 위인인 모차르트, 레오나르도 다빈
치, 에디슨, 아이슈타인, 피카소, 그리고 수영의 황제로 불리는 마
이클 펠프스, 세계적인 배우인 짐 캐리, 윌 스미스, 엠마 왓슨에게
는 공통점이 있다.

뛰어난 집중력······이 아닌 그 반대로 ADHD를 겪거나 그런 증상
이 있었다는 것이다. 모차르트는 산만하기로 유명했으며, 에디슨

은 수업에 집중하지 못하고 엉뚱한 짓을 하여 퇴학을 당했고, 아인슈타인은 학교 성적이 너무 나빠서 자퇴를 권유받았다. 수영 황제인 마이클 펠프스는 어려서 ADHD 진단을 받고 수영을 시작했는데, 처음 수영장에 가서는 하기 싫다고 물안경을 집어 던지고 싫어했다. 호그와트의 천재일 것 같은 엠마 왓슨은 사실 어려서 ADHD 약을 복용했다.

집중력과는 거리가 멀었던 이들이 이후에 어떤 사람이 되었는지는 굳이 설명할 필요가 없을 듯하다. 한마디로 집중력은 '훈련될 수 있는 부분'이며, 잠자는 집중력을 깨웠을 때 당신의 위대한 성장과 업적은 가속페달을 밟게 될 수 있다.

게임의 집중력과 공부의 집중력이 같을까?

공부는 더럽게 집중이 안 되지만 게임할 때만큼은 미친 집중력을 보여 준다. 눈동자의 깜빡임조차 없이 그야말로 게임과 물아일체가 되면서 시간의 순삭을 경험한다.

'게임할 때 집중이 잘되는 것 보니……. 나, 혹시 게임에 적성이 있나?'

'집중의 신'님께 초치는 말씀을 드려 죄송하지만, 게임과 공부의 집중력은 다르다.

얼룩말은 다가오는 사자를 발견하면 자극에 바로 반응한다. 이는 게임할 때의 '수동적 집중'으로 비유할 수 있다. 누구나 갖는 낮은 수준의 집중력이다.

얼룩말을 노리는 사자를 생각해 보자. 목표와 의도를 가지고 적극적으로 얼룩말을 쫓는다. 이것이 '능동적 집중'이라고 비유할 수 있다. 우리가 공부할 때 필요한 집중력은 둘 중 어떤 것일까? 바로 후자이다.

저기, 아직 공부할 필(feel)이 안 왔는데요

공부할 필(feel)을 받고 의지가 충전되어야 공부를 할 수 있다?! 공부를 잘하지 못하는 경우에 많이 대는 핑계이기도 하다. 완벽하게 공부에 집중할 마음의 준비가 되기를 바란다면, 미안하지만 그런 신내림은 일 년에 몇 번이나 받을 수 있을지 모르겠다.

공부를 잘하는 사람은 늘 공부가 즐거워서, 의지가 샘솟아서 할까? 매일같이 트레이닝하는 운동선수는 그 운동이 즐겁고 늘 하고 싶을까?

공부를 잘하는 사람은 감정에 의해서 공부를 하지 않는다. 오히려 감정을 배제하고 처리해야 할 과제에 먼저 집중한다. 그러다 보면 공부에 집중하는 힘이 생겨나고, 하나둘씩 과제를 처리하다 보면 성취감과 의욕이 솟게 된다.

주의-집중력의 종류

집중력은 관심 있는 것에 몰두하는 능력이고, 주의력은 관심이 크지 않은 목표물에도 의식을 기울일 수 있는 능력이다. 주의력이 낮으면 공부 진입에 시간이 많이 걸리고 집중력이 낮으면 금세 포기한다. 두 개념은 상호 보완적이고 유사한 측면이 많아서 이 책에서는 세부적으로 구분하지는 않는다. 주의-집중력을 네 가지로 구분하면 다음과 같다. 나는 어떤 부분을 갖추고 있고 무엇이 부족한지 생각해 보자.

① 지속적 주의력(sustained attention)
오랜 시간 동안 각성 상태를 지속하는 것으로 장시간 주의를 유지하는 능력이다. 새로운 학습과 기억에 있어서 중요한 역할을 한다.

② 선택적 주의력(selective attention)
관련이 없거나 불필요한 정보는 무시하고 적절한 자극에만 집중하는 주의력이다. 시끄러운 파티나 클럽에서도 '한별이가 이번에 학교에서 이랬대.'와 같이 내 얘기가 들리면, 귀가 쫑긋해지며 그 말이 기가 막히게 귀에 잘 들어온다.

③ 변환적 집중력(alternating attention)
다른 자극으로 재집중하는 능력이다. 동시에 많은 일을 하는 것

나는 대학 생활이 처음인데요

처럼 보이는 사람은 사실은 한 번에 하나씩 집중하면서 빠르게 다른 일로 전환하는 능력이 뛰어난 것일 수 있다.

④ 분할 주의력(divided attention)

동시에 두 가지 이상의 자극에 집중하는 능력이다. TV를 보는 동시에 친구가 하는 얘기를 잘 알아듣는다거나 대화를 하면서 뉴스를 듣는 모습 등이 이와 관련된다.

게임처럼
집중하라

재미있으면 집중하기 쉽고 노잼이라면 집중하기가 더 어렵다. 게임은 재미있지만 공부는 재미없다는 것은 거의 진리처럼 보인다. 그런데 의외로 둘 사이에는 공통점이 있다. 노잼으로만 보이는 공부에 게임적인 요소를 적용한다면, 공부에도 재미를 붙이며 집중을 높일 수 있다.

레벨 업과 보상

게임에서는 원하는 캐릭터를 선택해 레벨 업 하는 성취감이 있다. 게임상에 각종 보상이 있을 뿐 아니라 출석만 해도 보상이 주어져 아무리 피곤해도 로그인을 하게 만든다.

공부도 사실 내가 어떤 캐릭터가 되어 갈지와 관련된 과정이다. 나의 꿈, 취업, 또는 장학금, 인정이라는 목표를 잡는 순간 공부에 집중할 이유가 생긴다. 목표와 집중력은 이런 점에서 동의어에 가깝다.

공부 의지가 잘 생기지 않는다면 단기적 보상을 활용할 수도 있다. 내가 좋아하는 활동, 취미, 장학금 등의 금전을 걸면 단기적으로 공부에 집중하는 힘이 생긴다. (보상과 관련해서는 12장에서 좀 더 자세히 다룬다.) 공부의 크고 작은 목표들을 달성하다 보면 나의 현실 캐릭터가 레벨 업 하는 리얼한 재미를 맛볼 수 있다.

시간제한

게임은 미션을 클리어해야 하는 시간적인 제한이 있다. 또는 자원이 정해져 있어서 다 떨어지기 전에 승부를 봐야 한다.

'세월아 네월아' 하루 종일 책상에 오래 앉아 있기만 하며 초라한 공부 결과를 내기보다는, '시간제한'을 두고 집중해서 공부하는 것이 나을 수 있다. '무조건 열심히 하자'가 아니고 30분이든 1시간이든 정해진 공부 시간 동안 집중해 보는 것이다.

이럴 때 '초시계'를 이용할 수도 있다. 공부할 준비가 다 되었다면 초시계를 누르고 시간을 젤 수 있으나, 공부하기 좋은 최적의 의지,

기온, 습도, 조명 등 풀 세팅을 하려다 보면 뭉그적대며 시간만 흘러갈 수 있다. 일단 초시계를 누른 후에 빠르게 움직이고 집중해 보자.

최적의 난도

게임을 할 때 난도가 너무 쉬우면 시시해서 의욕이 생기지 않는다. 반대로 클릭 한 번의 실수로 미션 실패로 이어지는 등 너무 어려우면 좌절감에 포기하고 싶어진다.

『몰입(flow)』의 저자인 마하이 칙센트미하이는 '너무 어렵지도 쉽지도 않은 상태가 가장 적절한 긴장을 유발한다.'고 하였다. 우선 내가 현실적으로 할 수 있는 상태를 파악하고 이보다 살짝만 높은 정도의 공부 수준을 목표로 정하면 도전 의지가 적절히 생겨서 집중에 도움이 될 수 있다.

'궁금해' 퀘스트

게임 속의 NPC들이 주는 퀘스트는 경험치의 산물이자 다음 스토리를 이어 주는 역할을 한다. 궁금증과 기대를 유발하게 된다.

공부에서도 스스로에게 퀘스트를 주자. 앞서 SQ3R 공부 방법을 기억하는가? 제대로 공부하기 전에 훑어보고(Survey) 질문을 뽑아

나는 대학 생활이 처음인데요

내는(Question) 단계가 있었다. 본격적인 공부에 앞서서 살짝 맛보기를 하면서 목차와 핵심어 등을 보고 여기에서 질문을 만들어 보는 것이다. 이렇게 하면 본격적인 공부에 들어가면서 스스로에게 선사해 준 퀘스트를 풀어 가는 재미가 있어 몰입에 도움이 될 수 있다.

뇌를 깨우는
집중력 습관

잡생각을 마주하는 우리의 자세

막상 공부하려고 하면 오만 가지 생각이 떠오른다.

'이따 밥은 뭐 먹지?'

'재테크는 어떻게 하지?'

'지금쯤 유튜브 영상 올라왔나?'

'밖에서 무슨 소리 안 났어?'

이런 잡생각을 어떻게 하면 없앨 수 있을까? 필자가 지금 이야기하는 장면을 절대로 상상하지 말라. 절대 머릿속으로 떠올려서는 안 된다.

하마가 분홍색 팬티를 입고 입을 벌리고 있다.

생각하지 않기에 성공했는가? 희한하게도 생각하지 않으려고 하지만 이미 머릿속은 하마로 가득 차 있다. 생각은 하지 않으려고 하면 오히려 더 떠오른다. 공부 중에 떠오르는 잡생각도 마찬가지다.

그렇다면 우리는 전략을 달리할 필요가 있다. 생각을 안 하려고 노력하는 것이 아니라, 생각의 방향을 다른 곳으로 바꾸는 식으로 말이다.

점 하나로 집중력을 꿰뚫는다

아주 간단한 방법으로도 잡생각을 없애고 집중력을 발휘하게 만들 수 있다.

다음 그림을 보면 가운데 점이 있다. 지금부터 눈도 깜빡이지 말고 점을 10초 동안 바라보자. 초점이 흐트러지지 않도록 오롯이 점에만 집중해 보자.

점에 집중하다 보면 그림이 점점 어떻게 되는가? 살짝 흐려지거나 또는 완전히 사라질 수도 있다. 더 중요한 건 당신이 점에만 집중하려고 하는 순간, 다른 잡생각으로부터 자연스럽게 떠나게 된다는 것이다.

나는 대학 생활이 처음인데요

이런 그림이 없다면 노트에 점을 하나 찍고 그 점만 2~3분간 바라볼 수도 있다. 점에만 집중하여 '종이에 불을 내겠다'는 마음으로 몰입하다 보면, 종이에 불이 날 일은 없겠지만 당신의 집중력에는 서서히 불이 붙기 시작할 것이다.

동작에 집중한다

고민이 많고 심리적인 어려움을 겪고 있는 사람들에게 '운동'을 추천하는 경우가 많다. 운동 자체가 주는 활력이 있고 사람들과 함께하며 얻는 즐거움도 있지만, 집중력 면에서도 도움이 된다. 운동을 할 때는 자연스럽게 반사적으로 움직이게 되면서 그 행동에 집중하게 된다. 당장 눈앞에 공이 날아오는데 잡생각을 할 여유가 없다. 아령을 들며 사투를 벌이는데 딴생각할 겨를이 없다.

운동이 집중력에 있어서 좋다지만, 그렇다고 공부를 앞두고 매번 운동을 할 수는 없는 노릇이다. 이럴 때는 간단한 동작을 취하는 것도 도움이 된다. 필자가 아는 어떤 분은 정신이 혼란스럽고 잡생각이 많을 때는 그릇에 물을 떠서 머리 위에 얹고 한 발로 서 있는다고 한다. 온 정신이 머리 위 그릇에 있다 보면 잡생각에서 저절로 멀어지게 된다. 이 밖에도 공부하기 전에 짧게 체조를 한다거나 요가와 같은 동작을 따라 해 보며 집중력을 올리고 그 에너지로 공부를 시작할 수도 있겠다.

명상이 집중에 그렇게 좋다면서?

집중력 훈련으로 '명상'이 많이 활용된다. 명상은 종교를 떠나 마음을 다스리고 집중력을 올리는 데 도움이 된다. 그도 그럴 것이 명상할 때 가장 자주 듣게 되는 안내가 '호흡'에 집중하라는 이야기다. 이 역시 잡생각으로부터 자연스럽게 멀어질 수 있는 효과적인 방법이다.

미국 위스콘신대의 리처드 데이비슨 박사는 명상을 열심히 해 온 사람과 그렇지 않은 이들의 뇌를 연구하였는데, 명상을 하는 사람들의 특정 뇌 기능이 더욱 활성화되는 것을 발견하였다. 특정 부위의 피질 두께도 늘어났으며, 자신의 의식과 주의를 제어하는 능력이 향상되었음을 확인하였다.

명상을 하면 '세타파'가 나온다. 세타파는 수면과 깬 상태의 중간에서 나오는 뇌파로, 이 상태에서 마음이 안정되고 편안해진다. 통찰력이 생기고 창의적이 아이디어가 떠오르며 기억에도 효과적인 상태가 된다. 이런 이유로 명상은 최근에 오히려 서양에서 더 각광받고 있다.

'3분 Quick 명상'으로 마음 다스리기

미국 메사추세츠대의 존 카밧진 박사는 '마인드풀니스(mindfulness)' 명상법을 고안하여 매일 30분 명상을 권고했으며, 퀵 명상의 경우

나는 대학 생활이 처음인데요

2~3분부터도 가능할 수 있다고 하였다. 공부를 시작하기 전에 할 수 있는 '3분 Quick 명상'을 제안하고자 한다. 다음의 ①~③을 숙지한 후, 공부 전에 3분 정도 시행해 보자.

① 호흡에 집중하기

눈을 감고 편안한 자세로 앉는다. 천천히 숨을 쉬며 호흡이 들어오고 나가는 것에만 집중한다. 호흡은 코로 들이마시고 입으로 내쉰다.

② 잡념이 생겼다면

호흡에만 집중하고 있다가도 갑작스럽게 잡생각이 들 수 있다. 이때는 '아, 망했다.'라고 판단하지 않고, 다만 '주의가 빗나갔구나.' 하고 깨달으면 된다.

③ 주의를 다시 호흡으로 되돌리기

잡념은 그냥 두고 빗나간 주의를 호흡으로 다시 되돌린다. 어느새 잡념으로부터 멀어지게 된다.

혹시나 잡생각이 너무 많이 떠올라서 명상에 어려움이 있다면, '모리 겐지로'가 제시한 '5.3.8호흡법'을 해도 좋다. 5초간 들이마시고 3초만 멈춘 후 8초간 내쉬는 방법이다. 마음속으로 '하나, 둘 셋' 하면서 숫자를 세면 흐트러진 주의 집중이 호흡으로 옮겨 가게 될 것이다.

일은 하나씩, 잠도 적당히

동시에 여러 가지 일을 하면 시간도 아끼고 좋을 것 같다. 그러나 런던대 정신의학과 연구팀에 따르면 메일, 전화, SNS 등으로 집중이 자꾸 깨지다 보면 우리의 IQ는 밤새운 수치와 같아지는 것으로 나타났다. 또 스탠포드대 보고서에 따르면 다중 작업이 일상화되다 보면 뇌의 전두엽피질과 해마가 손상될 수 있다고 한다. 뇌는 한번 손상되면 회복이 어렵다.

따라서 한 번에 하나의 일에만 집중하는 것이 뇌 건강 측면에서도 유익하다. 그러려면 깊이 집중해서 공부할 수 있도록 공부 시간을 '통'으로 확보할 필요가 있다. 이를 위해 잡일들은 몰아서 한꺼번에 처리해 버릴 수 있다.

'일찍 일어나는 새'는 어떨까? 벌레를 많이 잡을까? 그럴 수도 있지만 되레 피곤할 수도 있다. 거기에다가 늦게 자고 일찍 일어나려는 새라면 피곤해 죽을 맛이다. 제대로 못 잤을 때 다음 날 내 정신이 제정신이 아닌 상태를 경험해 본 적이 있을 것이다. 집중력 측면에서도 어느 정도 수면 시간 확보가 필요하다. 자는 시간은 정보 기억 측면에서도 중요한데, 자는 동안 낮에 배운 것들이 정리되고 저장된다.

공부를 하려는데 너무 피곤하다면 30분 이내로 자는 것도 방법이다. 짧게 자면 피로가 금세 풀린다. 반면에 1~2시간 이상 자고 나면 멍한 느낌이 들고 바늘처럼 신경질적이 되는 경우가 많다.

나는 대학 생활이 처음인데요

집중이 잘되는 환경 만들기

당신이 공부할 때 집중이 잘되는 곳은 어디인가? 공부하는 사람들이 눈앞에 보이는 도서관일 수도 있고, 약간의 소음이 있는 카페가 편할 수도 있고, 혹은 숨소리도 들리지 않을 만큼 조용한 독서실일 수도 있다.

어느 곳이든 괜찮지만 대개 '친구와 단절된 곳'이 집중해서 공부하기에 좋다. 친구들이 모여 있고 쉽게 대화할 수 있는 장소에서는 공부가 수시로 방해받을 수 있기 때문이다. 일단 최고의 장소가 내 방이나 동아리방은 아니라고 판단된다면, 그날 아침의 목표를 '0시에 집 나와서 칸막이 있는 열람실 가기'처럼 잡는 것이 공부에 도움이 될 것이다.

소음에 민감하다면 조용한 장소에서 공부하고 귀마개를 착용하는 등 방음 장비를 활용할 수 있다. 작게 반복되는 빗소리나 환풍기 소리 등의 백색소음은 집중에 효과가 있다는 연구도 있는데, 개인에 따라 케바케(case by case)일 수 있다. 음악을 들으며 공부하는 학생들도 있다. 도움이 된다면 가볍게 사용할 수는 있으나 현란한 음악은 지양하고 완전히 고도의 집중이 필요한 작업에는 어떤 음악도 틀지 않는 것이 나을 수 있다.

그 밖에 시선을 강탈하는 잡지, 맥주캔 등을 공부하는 공간에서 제거하고, 공부 시간 동안에는 핸드폰 역시 데이터나 와이파이를 끄고 음소거로 해 놓아 유혹을 제거할 수 있다. 계속 앉아서 공부하면 목도 뻐근하고 집중이 깨질 수 있다. 종종 서서, 소리 내서, 움직이면서 공부하면 집중과 활력을 얻을 수 있다.

잡생각이 다 쓸모없을까?

공부 중에 떠오르는 불필요한 생각이라면 앞서 살펴본 동작 집중과 명상을 활용하면 된다. 그러나 때로 도움이 되고 가치 있는 고민이나 아이디어가 갑툭튀한다면? 의미 있는 생각이라고 공부에서 잡생각으로 물타기를 해서는 안 된다.

그렇다고 날려 버리기도 아까운 생각이므로 메모장이나 자신에게 보내는 카톡에 간단하게 적어 버린다. 말 그대로 적어서 '버리면' 더 그 생각에 얽매일 필요가 없어지고 공부에 집중할 수 있게 된다. 공부를 마치고 '고민 처리 타임'에 이런 아이디어들을 적절히 다루면 된다.

집중력 영끌 타임(영혼까지 끌어올리기)

소프트뱅크의 손정의는 '뇌는 근육이다. 전력을 다해 쥐어짜 내면 그 능력이 올라간다.'고 하였다. 집중력도 훈련으로 끌어올릴 수 있다.

나는 대학 생활이 처음인데요

먼저 내가 집중할 수 있는 시간이 얼마인지 확인해 보자. 대략 40분이라면 '공부 40분 − 쉬는 시간 10분'이 반복되게 하면 된다. 그러나 계속 이 상태에 머무르지 말고, 나의 집중 시간을 살짝 높여 보는 것도 좋다. '45분'을 공부 단위로 하여 3주 정도 해 보고, 이후에 '50분' 단위로 3주 정도 공부하는 등 점차적으로 집중해야 할 시간을 조금씩 늘리다 보면 우리의 뇌도 적응하고 집중의 힘을 키우게 된다.

가끔은 집중력을 '영끌'해 보는 것도 좋다. 짧은 시간 내에 매우 도전적인 공부를 해 보는 것이다. 예를 들어 5분 동안 99페이지 읽기, 1초에 1문제 풀기처럼 말이다. 필자의 경우 기업과 대학에서 강의를 하는데, 특히 모든 참가자들이 동시에 참여하는 '팀게임'의 경우, 뇌가 열나도록 돌아간다. 진행하는 동안 사람들의 반응을 들으면서 점수도 체크하고 카톡도 확인해야 하기 때문이다. 뇌가 도전적인 시간을 보내고 나면 정신력이 깨어나고 레벨 업 된 느낌이 든다. 가끔은 집중력 전력 질주의 시간을 가지면서 잠든 집중력을 깨우고 초고속 레벨 업을 할 수 있는 기회를 주자.

돋보기로 햇빛을 받아 종이를 태워 본 적이 있는가? 초점을 어떻게 해야 불이 날까? 한 곳으로 모아야 비로소 불이 나기 시작한다. 당신이 집중해서 공부에 초점을 모으는 순간, 배움의 열정에 불이 붙기 시작한다. 순간에 집중하는 힘이 당신의 한계를 넘을 수 있도록 해 줄 것이다.

★ 5장 세 줄 요약 ★

1. 집중 없이 시간을 퍼다 버리는 페이크 공부에 주의하자.

2. 게임의 보상, 시간제한, 난도, 퀘스트를 공부 집중에도 활용해 보자.

3. 3분 Quick 명상 등으로 집중력을 끌어올리자.

_____

◀ 미션 5. 3분 Quick 명상 ▶

● 공부를 시작하기 전에 '3분 Quick 명상'을 해 보자. 잡생각이 많이 떠오를 때 해봐도 좋다. 5회 이상 해 본 후에 느껴지는 점을 적어 보자.

● 나에게 적절한 집중 방법이 무엇인지 생각하고 적어 보자.

▶ 참고 영상: 백색소음 빗소리 asmr

나는 대학 생활이 처음인데요

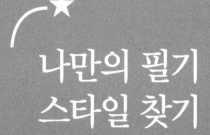

나만의 필기
스타일 찾기

필기, 굳이
해야 돼?

"프린트물도 있고 PDF 교재 파일도 있는데 굳이 필기가 필요한가요?"

고등학교 때 노트 정리를 하던 학생들도 대학생이 되면 프린트물이나 디지털문서 맹신자가 되는 경우가 있다. 대학생의 필기, 왜 필요할까? 어디까지 어떻게 해야 할까?

필기가 주는 역전의 힘

필자는 학사경고를 받은 대학생을 대상으로도 여러 번 학습법 강의를 하였다. 공부가 잘 안 되는 이유는 크게 진로에 대한 고민, 의

나는 대학 생활이 처음인데요

지 부족, 그리고 학습 방법에 대한 어려움 때문이다. 지난 학기에 성적 경고를 받았는데 다음 학기에 B대로 점프하는 경우가 있는데, 개인이 의지를 가지고 동기부여를 위해 한 노력도 있지만, '학습 방법을 개선'한 것도 크게 한몫한다. 필기는 단순한 글씨적기 행위가 아니라 '지식을 어떻게 정리하는가'에 대한 방식이기도 하다.

두별이는 무조건 내용을 외워서 공부하는 스타일이고, 한별이는 자기 나름대로 정리하여 이해하려는 스타일이다. 초등학교 때 누구의 학업 성취도가 더 높을까? 정해진 내용을 빠르게 외우는 두별이일 가능성이 높다. 그런데 중학생이 되면서 외우기만 하는 두별이의 성장세가 더뎌지기 시작하더니, 고등학생이 되며 한별이가 역전하게 되고 대학생이 되면 그 격차는 더욱 벌어져서 한별이의 학업 성취도는 넘사벽 수준으로 높아진다.

한별이는 정리 중심의 학습을 했는데, 노트 필기가 대표적인 학습 방법이다. 노트 필기를 하면 자연스럽게 수업에 집중하게 되고 이해도를 높일 수 있게 되며 기억에도 도움이 된다.

열심히 받아썼는데 이게 아니라고?

한 학생이 대학교 수업을 들으며 노트북으로 교수님의 말씀을 죽어라 받아쓰고 있다. 한마디도 놓치지 않으려고 눈에 불을 켜고 받아 적었다. 빠른 타자 실력 덕분에 이제는 교수님이 랩을 하셔도 받아 적을 수 있을 정도가 되었다. 이 정도 되면 완벽한 필기이지 않을까?

인터뷰를 그대로 따는 속기사라면 퍼펙트한 필기이다. 그러나 대학생이라면 '글쎄'? 최근에는 컴퓨터나 노트북 등을 많이 사용하다 보니 필기도 디지털 방식으로 하는 경우가 흔하다. 전자기기로 필기하면 분당 33개의 단어를 기록할 수 있는 반면, 자필로 하면 22개를 기록한다. 그렇다면 전자기기로 필기하는 것이 당연히 낫지 않을까?

프린스턴대와 UCLA 공동연구팀이 대학생을 대상으로 한 연구에 따르면, 노트북 등 전자기기로 필기한 경우보다 자필로 필기한 학생의 성적이 더 좋았고 기억도 오래하는 것으로 나타났다. 워싱턴대학의 연구에서는 키보드로 메모했을 때 성적이 약간 나았지만 이 경우 더 많은 내용을 잊어버리는 것으로 보고되었다.

키보드를 이용하면 들리는 대로 받아쓰기를 하기 십상이다. 머리를 쓴다기보다 손가락 운동에 가깝다. 반면에 자필로 필기하는 경우에는 머릿속으로 정리하면서 핵심 내용 위주로 남기게 된다. (물론 키보드로 쓰는 경우에도 정리하면서 나의 말로 기록한다면 어느 정도 비슷한 효과를 기대할 수도 있다.)

필기는 받아쓰기가 아니다. 당신이 교재의 내용을 그대로 베껴 쓴다면 이 역시 의미 없이 손만 혹사시키는 일이다. 노트에는 당신이 내용을 이해하려고 '구조화'한 흔적을 적어야 한다. 우리가 추구하는 결과는 '내용 습득'이지 '노트 필기' 그 자체가 아니다. 필기는

나는 대학 생활이 처음인데요

이해의 과정이 되어야 한다. 내가 이해하고 정리한 나의 말로 필기하고 내용을 이해하기 위한 과정을 적는다면, 당신은 수업 중에 내용의 4분의 1 이상을 이미 확보한 상태로 이후 공부를 할 수 있게 되고, 효율적인 복습을 위한 유리한 위치에 서게 될 것이다.

다양한
필기법 시식

이번 절에서는 다양한 필기법을 살펴볼 것이다. 여러 방법을 시식하고 테스트해 보면서 나에게 맞는 스타일을 찾아가 보도록 하자. 한 과목에 여러 노트 필기법을 섞어서 맛을 낼 수도 있고, 과목에 따라 다른 필기법을 적용할 수도 있다. 내게 최적화된 황금비율을 찾는다면 지식 정복은 한층 더 쉬워질 것이다.

유선 노트

가로나 세로선을 그어서 사용하는 형태의 노트를 먼저 살펴보자. 선이 몇 개인지, 어디에 위치하는지에 따라 종류가 나뉜다.

노트 필기법의 종류 :

T형 노트		이분할(코넬)노트

기본 개념	그림, 도표	문제 풀이	틀린 문제	단서	수업 중 필기
					요약

① T형 노트

T형 노트는 종이를 반으로 나누어 사용하는 형태이다. 영역을 구분하는 용도는 과목에 따라 다양하다. 예컨대 과학 관련 과목에서는 한 면에 기본 개념을 정리하고, 옆면에는 그림이나 도표를 넣어 보기 쉽게 활용할 수 있다. 계산하는 과목이나 문제를 푸는 노트라면 왼쪽 면에 문제를 풀고, 오른쪽 면에는 틀린 문제만 확인하는 오답노트처럼 사용할 수도 있다. 이공계는 문제 풀이에 관한 세부적인 설명을 많이 기록하는 것이 좋다. 또는 DNA vs RNA나, 공산주의 vs 자본주의처럼 비교·대조되는 내용도 T형 노트의 각 면에 나누어 기록하면 이해와 기억에 도움이 된다.

② 코넬 노트

코넬대학의 월터 폭 교수가 개발한 노트이다. 세로선의 오른쪽

면은 수업 시간에 기록하는 면이고, 세로선의 좌측은 '단서'란이다. 단서는 필기한 내용을 떠올릴 만한 것으로, 핵심 단어가 될 수도 있고 질문이 될 수도 있다. 예컨대 '관광의 효과 4가지?'라는 단서를 보고 필기한 4가지 내용을 떠올려 볼 수 있다. 필기한 후, 하단에는 내 나름의 '요약'을 한두 문장으로 간단하게 적는다.

'단서'와 '요약'란은 수업이 끝나자마자 작성하는 것이 효과적이다. 복습할 때 이 단서를 보면서 마치 탐정이 되었다는 느낌으로 수업 내용을 떠올려 보면 좋다.

무선 노트

가로나 세로선에 구애받지 않고 사용하는 노트이다. 여러 관계나 구조를 나타낼 때 사용하면 효과적이다.

① 매핑 노트(마인드맵)

마인드맵이 하나의 노트 필기 형태가 될 수 있다. 중간에 주제 단어를 적고 가지를 펼쳐 가며 키워드 중심으로 적는다. 필요에 따라 원이나 도형을 이용할 수도 있다. 전체 내용이 한눈에 들어오며 요소들 간의 관계도 쉽게 파악할 수 있다는 장점이 있다. 전체의 구조를 알면 세부 내용을 익히기는 더 쉬워지는 법이다.

매핑노트는 아무래도 백지노트(무선)에 쓰는 것이 유리하다. 곧

마인드맵 활용의 예 :

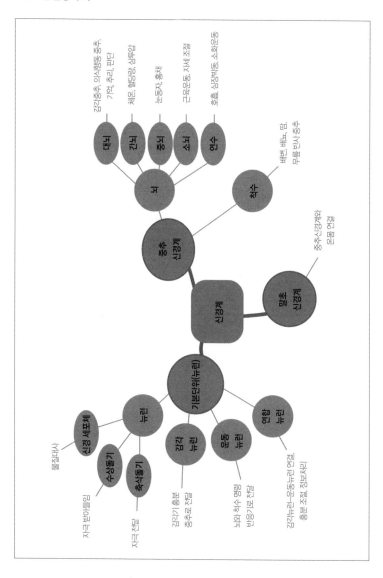

바로 그리기보다 전체 목차와 대략적인 소주제가 무엇인지, 몇 개인지 알고 그리면 더 수월하다. 이 부분을 미리 파악하지 않고 되는대로 매핑하다 보면 문어 다리보다도 많은 가지가 생겨나서, 다리끼리 꼬이고 필기 공간이 부족할 수도 있다.

② 트리다이어그램(로직트리)

상위–하위 개념을 좀 더 논리적으로 나타내고 싶다면 트리다이어그램(로직트리)으로 필기할 수도 있다. 나뭇가지처럼 정보를 펼쳐 보이는 형태로 형식과 체계를 갖춘 필기이다. 위에서 아래로 내려가는 방식, 또는 왼쪽에서 오른쪽으로 펼쳐 가는 방식으로 활용할 수 있다.

프린트물 필기

"저는 교재 자료가 있어서 필기가 따로 필요 없어요."

정말 그럴까? 입장 바꿔 생각해 보자. 당신이 교수님이라면 프린트물에 모든 내용을 다 넣을까? 수업 내용을 다 넣기도 무리이거니와 학생들이 집중하게 만들기 위해서도 그렇게 하지 않을 것이다.

또 한 가지 중요한 사실! 프린트물에 있는 정보는 누구의 정보인가? 나의 정보인가? 절대 내 것이 아니다. 교수님의 정보이다. 프린트물만 믿고 필기에서 손 떼는 것은, 빵 대신에 원재료인 밀가루

나는 대학 생활이 처음인데요

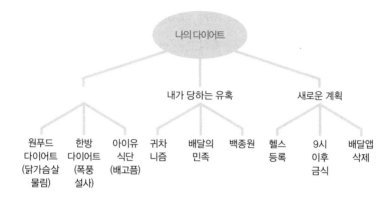

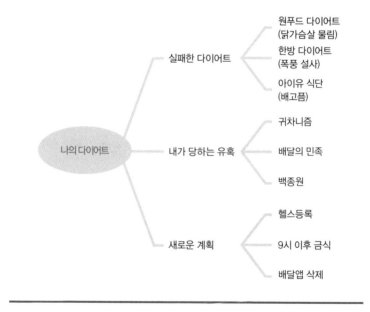

만 입에 때려 넣는 행위와도 같다. 내 입맛에 맞게, 소화할 수 있는 형태로 조리하는 필기가 필요하다.

프린트물을 출력할 때, 제발 종이 아끼려고 A4용지 1장에 4페이지, 8페이지씩 모아서 찍지 말자. 종이를 아끼려거든 평소에 화장지를 아끼고 종이컵 사용을 줄이고 이면지를 쓰지, 지식 습득에는 아끼지 말자.

프린트물에 슬라이드 1면 또는 2면을 출력하고, 수업을 들으면서 내가 이해한 내용을 옆에 같이 적자. 프린트물에 없는 교수님의 설명도 물론 필기한다. 수업 내용을 내 나름대로 씹고 뜯고 맛보고 즐긴 과정을 적는 행위 그 자체가 학습인 것이다.

태블릿PC/노트북 필기

① 태블릿PC 필기

수업자료의 출력이 많고, 무거운 자료로 어깨가 고통받고 있다면 태블릿PC 필기도 고려할 수 있다. 태블릿PC를 사용하면 많은 자료를 기기 하나에 저장하고 기록하고 볼 수 있다는 장점이 있다. 그러나 태블릿PC를 쓴다고 악필이 갑자기 한석봉이 되는 것은 아니며, 정리능력이 저절로 떡상하는 것은 아니다. 앞서 살펴본 필기법을 기반으로하여 활용할 필요가 있다.

태블릿PC는 크게 A사와 S사 제품 등이 있다. 필기 측면에서 스마트펜의 그립감(펜 굵기)은 A사가 펜과 유사하고 필기 앱의 종류도 다양하다. S사 제품은 스마트펜을 별도로 구매 및 충전할 필요가 없이

나는 대학 생활이 처음인데요

내장되어 있으며, 필기감이 펜과 더 유사한 편이다. 제품은 구매 전에 반드시 매장에서 사용해 보고, 필기감, 개인의 취향, 핸드폰과의 연동성 등을 고려하여 결정하자.

　필기 관련 앱도 다양한데, 기본적으로 펜과 형광펜, 간단한 그리기, PDF/PPT를 불러와서 그 위에 필기하기 등의 기능을 제공하고 있다.　A사의 앱은 '굿노트'와 '노타빌리티'가 대표적이다. '굿노트'는 여러 양식지와 꾸미기 기능 등을 제공한다. '노타빌리티'는 도형 그리기의 자유도가 높고, 녹음하면서 필기하면 목소리와 필기가 싱크가 맞게 녹화되어 복습에 유용하다(굿노트도 최근에 녹음 싱크 기능이 추가되었다). S사는 '플렉슬(A사도 가능)'과 '삼성노트' 등이 많이 사용되는 편이다. '플렉슬'은 PDF뷰어에 최적화되었다는 평이 많다. '삼성노트'는 무료로 내장된 기본프로그램인데 지속적인 업데이트로 '노타빌리티'같은 녹음+필기 싱크기능도 탑재가 되었다. 대표적인 앱들에 대한 설명은 유튜브 '윔스피치'의 짧막한 영상을 참고하기 바란다.

▶ 유튜브 '윔스피치'

② 노트북 필기

노트북은 태블릿PC처럼 필기하면서 인터넷 검색이 가능하고, 복습하면서 필요한 내용은 '찾기'로 빠르게 찾을 수 있는 장점이 있다. 노트북은 무엇보다 빠르게 타이핑하여 내용을 적기에 유리하다. 그러나 기계적으로 봇처럼 받아쓰기를 하면서 뇌보다 손가락 운동만 하지 않도록 주의할 필요가 있다. 무슨 내용인지 이해하면서 핵심어 중심으로 기록하고, 'Ⅰ - 1 - 1) - ①'과 같이 '번호' 체계를 갖추고 위 아래(상위-하위) 구조가 명확하게 필기해야 복습할 때 이해하기 쉽다.

필기의 효율을 높이는 꿀팁

색깔 펜 전략

전쟁에서 총과 총알이 필요하듯, 강의에 나서는 대학생에게도 펜과 노트가 필요하다. 전쟁에 임하는 각오로 오만 가지 펜을 구비하는 것이 좋을까? 아니면 펜 하나로 세상을 정복할까?

강성태 대표가 1,000명의 멘토를 조사했을 때 한 가지 펜으로만 필기한 경우는 드물었다고 한다. 그렇다고 걸어 다니는 문구점 수준으로 펜을 많이 사용한 것은 아니었다. 3개를 쓴 경우가 가장 많았다고 한다.

보통은 검정펜으로 필기하다가 중요한 포인트만 빨간색 펜으로 적는다. 파랑색 펜은 활용법이 다양할 수 있는데, 복습하다가 추가로 알게 된 내용을 적거나 또는 어렵고 이해 안 되는 부분을 적을 때 쓸 수 있다. 형광펜도 사용할 수 있는데, 앞서 나온 '코넬 노트' 사용법과 연결시켜 본다면, 단서를 보며 내용을 떠올리는 복습을 하면서 기억이 잘 나지 않는 내용은 형광펜으로 밑줄을 그을 수 있다. 다음번에 복습할 때는 앞서 밑줄 그은 것만 보면 된다. 이렇게 하면 형광펜으로 복습을 서너 번 할 수 있다.

필기 스피드 업의 비결

들리는 대로 다 적으려고 하면 받아쓰기가 될 뿐만 아니라 교수님의 속도도 따라잡을 수 없다. 모두 적지 말고 내용과 흐름을 파악하면서 핵심어, 또는 교수님의 핵심 의도 위주로 적도록 한다. (다만, 교수님이 농담처럼 가볍게 한 이야기에서도 시험 문제가 나온다면, 그에 맞추어 한 말씀도 놓치지 않는 필기를 해야겠다.) 교수님 말씀 중에 불필요한 반복어나 조사, 어미는 필기에서 생략할 수 있다.

[예시] 내가 아는 것은 반복되는 효과가 있어서 복습이 된다.
간략히 적기: 아는 것 반복 → 복습

교수님이 자주 쓰시는 표현이나 내 노트에 많이 반복된 표현은 나만의 줄임말이나 기호로 바꿔 볼 수도 있다. 때로 수학적 부호를 사

나는 대학 생활이 처음인데요

용하는 것도 빠른 필기에 유용하다. 아래에 있는 몇 가지 부호나 약어를 참고하기 바란다. 줄임말 이야기가 나온 김에, 유튜브 '웜스피치'를 '좋댓구알' 하는 것도 효율적 학습에 도움이 된다. 학습법과 자기 계발의 노하우가 담겨 있는 필자가 운영하는 채널이다.

줄임말이나 기호를 써도 교수님을 따라잡기 어렵다면, 예습을 조금 더 상세히 해서 수업 내용의 숙지도를 높일 필요가 있다. 필기할 내용 중에서도 '우선순위'가 있는데, '문제와 답'이 1순위이므로 이런 내용을 우선적으로 필기하고, 중간에 놓친 부분은 빈칸으로 남겨 두어 나중에 질문하며 채워 넣을 수 있다.

[예시] 따라서, 그러므로: ∴   왜냐하면: ∵

예를 들자면: ex   비교, 참고: cf

서로 주고받는다: ↔   반대, 대립 관계: vs

많다, 적다: 多, 少   포함된다: ⊂

궁금증: ?   같지 않다: ≠

가능, 불가능: 可, 不可   있음, 없음: 有, 無

필기에 영혼 불어넣기

예전에 쓴 일기는 오랜만에 보면 추억이 돋고 재미지다. 그런데 왜 내가 쓴 노트는 볼 맛이 안 나는 걸까?

필기에도 나의 생각과 느낌을 조금씩 기록할 수 있다. 수업하다가 몇 번 들어도 이해가 안 가는 부분이 있다면 '이 부분, 정복하고 말겠어!'라고 적는다든지, 공부하다가 힘들 때 '힘내, 너는 할 수 있어!'라고 간단히 적어 보는 것이다. 공부하면서 내가 적은 메시지를 보면 손발이 다소 오그라들지만 수업을 듣던 자신과 소통하며 공부하는 재미가 쏠쏠하다.

강의 중에 수업 내용과 연결 지을 만한 상황이나 에피소드가 있다면 간략히 기록해 놓을 수도 있다. '장마에 배우는 아프리카 역사', '열받는 날 대류 현상', '소화기관 내용 중 한별이가 방귀 뀜'처럼 말이다. 그날의 수업 상황과 스토리가 더 잘 떠오를 수 있다.

여백의 미, 노트에도 살리자

동양화는 꽉 차는 법이 없다. 여백이 있어서 오히려 더 완성미가 있다. 꽉 채워 쓴 필기는 내가 봐도 속이 꽉 막힌 듯 불편하다. 소주제가 구분되는 곳에는 3~4줄 여백을 두자. 내용 구분에 편할 뿐 아니라 추가로 놓친 부분을 적기에도 좋다. 계산하는 과정을 노트 구석에다가 죄지은 사람처럼 좁쌀만 하게 쓰지 말고 T형 노트 등으로 제대로 적어 가며 필기하자. 그래야 실수하는 과정도 잡아낼 수 있다. 노트를 백날 아껴 봐야 새 학기가 되면 또 사고 싶고 새 노트에 쓰고 싶어지기 마련이다.

한편으로 '생각의 여백'도 필요하다. 필기를 너무 잘하려는 마음, 나의 영혼을 녹여서 노트를 아름답게 만들려는 노력은 종종 독이 되기도 한다. 글씨 하나 틀렸다고 종이를 찢어 버리거나 수정테이프로 한 땀 한 땀 지극정성을 다하거나, 또는 무지개색 펜으로 노트에 예술혼을 발휘하지 말자. 틀린 부분은 찍 긋고 적으면 된다.

노트를 위대한 작품으로 만들려고 강박적으로 애쓰기보다 교수님의 설명을 잘 따라잡고 이해하는 게 더 중요하다. 필기는 공부를 잘하기 위한 '수단'이지 필기 그 자체가 목적이 아니다. 노트엔 내가 '이해하기 위해 거친 과정'을 딱 필요한 만큼의 노력을 기울여 기록하자.

★ 6장 세 줄 요약 ★

1. 필기는 받아쓰기가 아니라 이해하는 과정을 적는 것이다.

2. 유선/무선 노트를 시식해 보며 나에게 맞는 맞춤형 필기 레시피를 찾아보자.

3. 필기의 효율을 높이는 팁도 활용해 보자.

◀ 미션 6. 업그레이드 마이 노트! ▶

● 이번 장에서 살펴본 필기법 중, 어떤 점을 적용해 보고 싶은가? 활용할 부분을 체크하고 수업을 들으며 이를 적용해서 필기해 보자.

암기 정복을
위한 암기

장기기억 빌런과
대응 스킬

반복해도 기억이 안 나요

공부는 끝없는 반복의 과정이라고 한다. 교재를 읽고 또 읽고, 밑줄을 긋고 또 긋고, 팔이 아프도록 **빽빽이**도 적어 보았다. 그런데 왜 이리도 머리에 안 들어오는 것일까. 볼 때마다 낯설고 처음 태어난 기분이다. 이쯤 되면 내 탓이 아니라 뇌 탓이라는 생각이 든다.

이것은 지능의 문제가 아니라 공부 방법의 문제일 수 있다. 좋은 뇌를 가지고도 단군 이래 최고의 재능 낭비를 하고 있을 수 있다.

반복해서 공부하는 것은 필요하다. 그러나 단순 반복을 너무 맹신하지는 말자. 공부한다면서 기계적으로 책을 읽거나 줄을 긋는 것은 효과가 거의 없다. 수동적인 공부는 뇌의 일부만 사용하게 되

며 기억에 그다지 도움이 되지 않는다. 암기 스킬을 통해 우리의 뇌를 적극적으로 활용하여, 기억으로 가는 길을 막고 있는 빌런들을 무찔러 보자.

장기기억을 막는 빌런을 무찔러라

인터넷 창을 열었는데 뭘 검색하려고 했는지 기억이 안 난다. 세차하러 갔는데 집 바로 옆이어서 가까운 거리라 생각하고 걸어간다. 수업 시간에 배운 것 같은데 '심증은 있으나 물증'이 없다. 어떻게 하면 든든한 기억을 할 수 있을까?

암기를 위하여 당신이 마주해야 하는 빌런들이 있다. 적절한 스킬을 사용하여 빌런들을 무찌르고 나면 당신은 '장기기억'의 빛나는 암기 업적을 달성하고 든든한 기억을 보상으로 얻게 될 것이다.

① 첫 번째 빌런, 감각기억

정보처리이론에 따르면 장기기억까지 도달하기 위해 당신이 돌파해야 하는 첫 번째 빌런은 '감각기억'이다. 외부의 자극이 오면 감각기억의 형태가 되는데 지속 시간은 1~3초에 불과하다. 뭔가 수를 쓰지 않고 이대로 두면 감각기억에게 패배하면서 정보를 금세 까먹게 된다. 예를 들어 친구의 전화번호를 들었을 때 듣고 받아 적는 건 가능하지만, 뒤돌아서면 잊게 된다.

이 빌런과의 대결에서 사용할 수 있는 스킬은 '주의 집중' 스킬이다. 기억하고자 하는 내용에 선택적으로 집중하면 첫 번째 빌런은 이길 수 있다.

② 두 번째 빌런, 단기기억

감각기억의 관문을 넘은 당신, 이번에는 '단기기억'의 빌런을 마주하고 있다. '단기기억'은 정보가 5~20여 초 정도 머물게 되는 곳이다. 조지 밀러는 매직넘버 7±2를 제시하여 한 번에 기억할 수 있는 수가 7개 내외라고 하였다. 후에 이 숫자는 5±2로 제시되기도 하였다.

단기기억의 빌런을 넘기 위해서는 세 가지 스킬의 사용이 가능하다. '청킹'은 내용을 묶어서 저장하는 기술로, 전화번호를 외울 때 01098765432를 010-9876-5432처럼 덩어리로 만드는 방법이다. '자동화'는 구구단처럼 의식적인 노력 없이 자동으로 되도록 반복해서 만드는 것이다. '이중처리'는 언어와 시각 정보를 함께 처리하여

나는 대학 생활이 처음인데요

기억을 보존하는 방법으로, 지구에 대해 배울 때 인공위성 사진이나 지구본 등과 함께 보는 식이다.

③ **최종 보스, 장기기억**

드디어 최종 보스이다! 각종 기억스킬을 활용하여 장기기억을 막는 마지막 빌런을 쓰러뜨려 보자!

'정교화' 스킬은 관련된 정보와 연결하여 외우는 방법이다. 예컨대 번호를 외우면서 '7582=치료빨리'처럼, 'agony(고통)=애고, 니 고생이 많다'처럼 내가 알고 있는 지식을 관련시킬 수 있다.

기억할 내용과 관련된 배경이나 '맥락'을 생각하면 기억에 더 잘 남는다. 예를 들어, 어려서 치과에서 대성통곡했던 경험이 있다면 치과에서 우는 아이를 봤을 때 그때 기억이 더 잘 날 수 있다. 수능 준비를 위해 비슷한 상황의 모의고사를 보는 것도 이런 경우이다.

'조직화'는 정보를 관련된 것들끼리 일관성 있게 묶는 스킬이다. 예컨대 세계 여러 국가를 아시아, 유럽, 북미, 남미, 아프리카, 오세아니아 등 6대륙으로 묶는 식이다. 그 밖에 '시연'은 반복해서 외워 보는 것으로 소리 내거나 속으로 거듭해서 암송하는 방법이다. 통장에 돈이 많아도 출금이 안된다면 내 돈이 아니다. 자꾸 꺼내봐야 기억의 통장 잔고가 내 것이 된다는 점을 잊지 말자.

장기기억의 보스까지 물리치는 데 여러 스킬과 노력이 필요하지만 좋은 소식이 있다. 기억은 훈련하고 사용할수록 연결 고리가 강해지며 능력치가 올라간다는 것이다. 또한 단기기억에서 상실된 정보는 망각되지만, 장기기억 정보는 단서가 주어지면 살릴 수 있다. 어떻게든 장기기억 보스까지 물리치고 나면 이제 기억은 당신의 편이 된다. 앞서 살펴본 스킬 중에 마음에 드는 것을 골라서 나의 공부 단축키에 놓고 활용해 보자!

기억의 대가를 소개합니다

원주율(π)은 원의 둘레를 지름으로 나눈 비로 3.141592……로 숫자가 끝없이 이어진다. 기억력으로 기네스북에 오른 차오루는 이 원주율을 소수점 67,890자리까지 외운다고 한다. 그걸 외워서 어디에 쓸지는 모르겠지만, 일단 기억력이 어마무시하게 좋다는 것은 인정! 그 기억력은 탐난다, 갖고 싶다. 기네스북 기억력 대가가 말하는 비법은 이렇다. 그냥 숫자 자체를 외우는 것이 아니고, '기존 지식에 새로운 내용을 연결'시키는 것이 포인트이다.

트로이 유적을 발굴한 하인리히 슐리만은 무려 15개 국어를 마스터했다. 그 역시 무턱대고 외우지 말고 이해하면서 암기하고, 기존의 지식과 연결하라고 강조한다. 이미 암기하고 있는 지식이 많다면 새로운 내용과의 연결점도 많아지기 때문에 이해와 암기의 속도는 더 빨라질 수 있다.

나만의 암기 무기
고르기

　'암기(暗記)'를 해치우기 위해서는 나의 특성을 반영한 무기가 필요하다. 비밀 무기인 나만의 '암기(暗器)[3]'를 가지고 기억을 가로막는 빌런을 무찔러 보자. 이번 절에서는 여러 암기의 무기들을 살펴볼 것이다. 테스트해 보면서 나에게 가장 최적화된 나만의 아이템, 암기를 갖춰 보자!

　앞서 암기의 대가들은 '내가 알고 있는 것과 새로운 내용의 연결'을 강조했다. 그런 면에서 기억의 대가들은 '기억의 방'을 가지고 있는 경우가 많다. 개별적으로 설정한 방으로 1번방부터 2번방, 3번

....

3　표창, 비수, 화살 등 몰래 감추어 사용하는 무기를 말한다.

방 등 여러 방이 있다. 예컨대 1번방은 붓, 2번방은 2가 연상되는 백조, 3번방은 갈매기, 4번방은 보트, 5번방은 열쇠 등으로 세팅한다고 하자.

기억의 방 암기법

이제 첫 번째 내용은 1번방과 연결시키고, 두 번째 내용은 2번방과 연결시켜 본다. 예를 들어, 기억해야 할 단어가 '마무리, 전기, 여행, 지도, 공부'라면, 다음과 같이 연결해 볼 수 있다.

1번방 '붓 - 마무리'   : 붓으로 그림의 마무리를 하는 장면
2번방 '백조 - 전기'   : 백조가 물에 떠있다 전기 충격을 받음
3번방 '갈매기 - 여행'   : 갈매기가 바다를 날며 여행함
4번방 '보트 - 지도'   : 지도를 보며 보트 여행을 하는 장면
5번방 '열쇠 - 공부'   : 공부를 해결하는 열쇠 찾기

이번에는 '기억의 방'을 활용해 조금 더 복잡한 내용을 암기해 보자. 당신이 외워야 할 내용이 다음과 같다면 어떻게 암기해 볼 수 있을까?

나는 대학 생활이 처음인데요

기억의 빌런을 무찌르는 무기, 암기(暗器) :

| 기억의 방 | 니모닉 | 스토리 | 입과 손 | 자투리 |

에릭슨의 심리사회적 발달 단계

1단계 : 신뢰 대 불신   2단계 : 자율성 대 수치심/의심

3단계 : 주도성 대 죄의식   4단계 : 근면성 대 열등감

5단계 : 정체성 대 혼란   6단계 : 친밀감 대 고립감

7단계 : 생산성 대 침체성   8단계 : 자아통합 대 절망

1번 방 '붓 – 신뢰 대 불신' : 붓으로 그리는 아이를 신뢰할
지 불신할지

2번 방 '백조 – 자율성 대 수치심/의심' : 백조를 풀어 자율성
을 줄지 묶어서 수치심/의심을 느끼게 할지

3번 방 '갈매기 – 주도성 대 죄의식' : 새우깡을 낚아채는 갈매
기를 주도적이라 할지 도둑이라 죄의식을 줄지

4번 방 '보트 – 근면성 대 열등감' : 보트를 열심히 저어 근면
성을 느낄지 뒤처져서 열등감을 느낄지

그리스 · 로마 시대부터 유래되었다고 알려진 '로먼스 룸' 암기법도 이와 비슷하다. 자신만의 세팅된 방이 있고 입구에서부터 거쳐가는 순서가 있다. 예를 들어, 방문, 신발장, 거울, 액자, 카펫······같은 식으로 세팅하고 기억해야 할 것을 연결하는 식이다.

첫 글자 따는 니모닉 기법

조선시대 왕은? 태정태세문단세······.

이렇게 첫 글자만 따서 조합하는 암기도 가능하다. 다만 첫 글자를 땄을 때 말이 안 되는 조합이 되면 기억하기 쉽지 않을 수 있다. 조합되는 단어가 의미 있거나 또는 우스꽝스럽다면 더 기억에 잘 남는다.

원소 주기율표 20번까지 :

H He Li Be 수 헤 리 베	'수헤리베'라는 아가씨가 더워서
B C N O F Ne 비 키 니 어 없 네	비키니를 찾아보니 없네
Na Mg Al Si 나 만 알 지	나만 알지.
P S Cl Ar K Ca 펩 시 콜 라 코 카	(더울 땐)펩시콜라, 코카(콜라)

나는 대학 생활이 처음인데요

다리가 삐었을 때 따라하는 과정: RICE

- Rest(휴식), Ice(얼음), Compression(압박), Elevation(올리기)

태양계 행성: 수금지화목토천해

기억에 잘 남게 하는 스토리 연결법

임진왜란이 1592년에 일어났다는 사실을 아주 쉽게 기억할 수 있는 방법이 있다.

'왜놈들이 쳐들어왔는데 이러고 있을 때가 아니다!'

'이러고 이 = 1592'로 기억하면 앞으로 잊을 일이 없다. 이렇듯 암기할 내용에 '의미'와 '스토리'를 불어넣으면 기억하기가 한결 쉬워진다.

하이든 - 장난감교향곡 : 하여튼 장난감이 좋다!

스콜라 철학 - 토마스 아퀴나스 : 토마스는 콜라를 좋아해!

입과 손은 데코가 아닌 암기의 도구

기억 약탈자들이 우리의 암기를 방해하지 않게 하려면 이중 삼중으로 백업을 해야 한다. 눈으로만 보면 머리에 들어오는 것 같지만 뒤돌아서면 남는 정보가 잘 없다. 이때는 손과 입도 움직이며 삼중으로 암기해 보자. 소리 내서 말하면 뇌에 자극되는 부위가 다르고, 손으로 적으면 뇌가 또 자극된다. 따라서 머리로 생각하면서 손으로 내용을 구조화하며 적고, 입으로 중얼거리면서 암기하면 삼중의 견고한 암기를 할 수 있다.

시간을 안 내도 공부가 되는 자투리 암기법

암기에는 시간이 소요된다. 꽤나 많은 시간을 잡아먹는다. 그런데 굳이 시간을 들이지 않으면서도 효과적으로 암기를 할 수 있는 방법이 존재한다!

우리가 틈틈이 놓치는 시간을 '자투리 시간'이라고 하는데, 이 시간을 잡으면 할 수 있는 일이 꽤나 많아진다. 특히 이동 시간만 잘 써도 암기 정복이 쉬워진다. 필자도 너무나 바쁜 업무 중에 이 방법으로 중간·기말고사를 정복하였다.

① Level 1. 1차 암기

암기할 내용을 A4용지로 두어 장 출력한다. 핸드폰에 파일로 가지고 다닐 수도 있지만, 필요한 내용을 바로 찾기에 불편함이 있고, 무엇보다 너무 쉽게 열어 볼 수 있어서 반대로 잘 열지 않게 된다.

A4 용지 두어 장으로 들고 있으면 아무래도 보기가 더 쉽다.

암기할 내용을 보고 말로 따라서 해 보거나 백지에 간단히 메모하며 구조화해 본다. 중요한 것은 눈으로만 읽지 말고 '의미를 이해하면서' 말로 중얼거리는 것이다. 몇 회 반복했다면, 이번에는 암기 내용이 적힌 종이를 보지 않고 말로 중얼거려 본다. 아주 똑같지는 않아도 주요 내용만 맞으면 된다.

헷갈리면 다시 한 번 확인한 후, 최대한 종이를 보지 않고 말로 풀어 본다.

② Level 2. **복습 암기**

Level 1에서 본 내용을 다시 복습할 것이다. 앞서 했던 공부와 약간의 시간차를 두고 해도 좋다. 예컨대 등교할 때 보고 하교하면서 같은 내용을 보면 적절한 시간 간격이 되어 기억 면에서 효율적이다.

이때는 종이에 적힌 질문, 또는 주요 목차만 보고 내용을 말로 중얼거려 본다. 헷갈리거나 생각이 안 날 때는 한 번 더 고민해 보고 어떻게든 말해 본다. 그리고 난 뒤에 종이에 적힌 내용이 맞는지 확인한다.

③ Level 3. **형광펜으로 악질 내용 조지기**

어느 정도 내용이 외워지기 시작하면, 이때부터는 형광펜 등을 사용한다. 내용을 말로 풀다가 잘 기억나지 않는 부분만 밑줄을 긋는다. 다음에 암기할 때는 밑줄 그은 내용 위주로 말을 풀어 본다. 또 기억에 나지 않으면 진하게 긋고, 다음번에도 헷갈리는 악질적인 부분은 빨간색 형광펜으로 체크한다. 이러고 나면 암기의 현황을 한눈에 볼 수 있다.

④ 운전을 오래한다면 '마이 보이스 암기'도 효과적

필자는 박사 과정을 하면서 기업/대학 강의를 했었다. 평상시에도 아침부터 새벽까지 바빴는데 시험 기간에는 정말 죽을 맛이었다. 앞서 ①~③단계의 암기 방법도 좋지만 운전을 하며 이동할 때는 활용할 수 없다.

그래서 숙지해야 할 내용을 핸드폰에 녹음한 뒤 운전할 때(또는 만원버스나 지하철) 이를 들으며 암기하는 일명 'My Voice' 방법을 사용해 보았다. 나름 효과 만점이었다. 처음에는 내가 녹음한 것을 들으며 같이 따라 해 보고, 다음 단계에서는 녹음한 목소리보다 한 템포 빨리 말해 본다. 이렇게 하면 운전하고 이동하는 시간을 온전히 학습 시간으로 탈바꿈할 수 있다.

주의할 점이 있다면, 내 목소리도 내가 듣다 보면 졸린다. 중간중간 질문과 쉼을 넣어 주고, 때로 목소리의 변화도 주고 교수님 말투를 따라 해 보기도 하면서 녹음하면, 내가 들어도 구독하고 싶은 공부 자료가 될 것이다.

나는 대학 생활이 처음인데요

★ 7장 세 줄 요약 ★

1. 감각기억, 단기기억을 넘어 장기기억까지 무찌르면 기억은 내 편이 된다.

2. 내가 아는 정보와 새로운 내용을 연결하는 것이 암기의 핵심이다.

3. 암기는 자투리 시간에 상당 부분 정복할 수 있다.

◀ 미션 7. 나만의 암기 빌런 상대 무기 ▶

- 암기 빌런을 상대하기 위하여 마음에 드는 스킬과 무기를 나의 '공부 단축키'
  에 등록해 보자. 나에게 최적화 된 암기 방법은 무엇인지 적어 보자.

- 159쪽 〈기억의 빌런을 무찌르는 암기 스킬〉

- 165쪽 〈기억의 빌런을 무찌르는 무기, 암기(暗器)〉

Part 3

과제와 시험의
파도타기

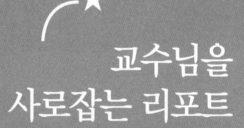

교수님을
사로잡는 리포트

리포트는
처음이지?

쓰기 과제의 역습

대학교에 오니 유독 쓰는 과제가 많다. 각종 보고서, 과제물에 치이다 보면 내가 대학생인지, 아니면 기자나 작가가 된 건지 정신이 없다. 시험 문제도 흰 종이를 지식으로 가득 채워야 하는 막막한 경우도 있다. 왜 이리 쓰는 과제가 많은 걸까?

대학에서는 외워야 할 내용도 많지만 단편적인 지식수준에만 머무르기보다 비판적으로 사고하고 효과적으로 표현하는 부분도 중요시한다. 배운 내용을 소화하여 이를 토대로 자신의 논지를 펼칠 수 있는지를 본다. 제대로 알고 있는지, 어설프게 알고 있는지는 그 사람의 말과 글을 보면 금세 드러나기 때문에 쓰기 과제가 활용되기도 한다. 또한 졸업 후 사회생활을 하면서 진짜 '보고서'를 쓰게 되므로 이에 대한 연습을 하는 과정으로도 볼 수 있다.

리포트, 너의 정체는?

리포트는 객관적인 사실을 근거로 논리적으로 서술한 글이다. 객관적이고 타당한 팩트를 기반으로 해야 한다.

밤에 야식이 당기는 이유는? 그냥 배고프니까, 먹고 싶으니까일 수 있다. 그러나 객관적인 보고서라면 타당하고 합리적인 근거가 필요하다. 예를 들면 이런 식이다.

첫째, 미국 브리검영대학교의 2015년 연구에 따르면 사람의 뇌에서 음식에 대해 만족감을 관장하는 영역이 밤에는 낮만큼 활성화되지 않는다고 한다. 이에 따라 밤에는 포만감이 덜하다고 느낄 수 있다.

둘째, 방송매체의 영향이 있다. 밤 시간대에 하는 방송을 보면, 백 선생님이 요리를 하고, 냉장고를 부탁하고 수요미식회가 열리는 등 음식과 관련된 방송이 많다. 음식 프로그램을 보는 순간 배고프지 않아도 감정적인 허기를 느끼게 될 수 있다.

셋째, 배달 앱 활성화의 영향이다. 국내 배달 서비스 시장 규모는 코로나 이후로 2년 새 328% 성장했다. 어플을 열고 쉽고 빠르게 주문할 수 있는 시스템이 야식에 대한 접근성을 높이고 있다.

리포트, 누구를 위해 쓰는가?

리포트는 누구를 위해서 존재할까? 나를 위해서? 리포트를 우리 말로 하면 '보고서'이다. 즉, 보고를 받는 사람이 있음을 전제로 한다. 그렇다면 보고서를 쓰는 나만을 위해서 이 문서가 존재한다는 이야기는 아니다.

보고서는 '보고를 받는 사람'의 기준에서 접근할 필요가 있다. 졸업 후 회사나 기관에서 일하다 보면 '한별 씨, 신제품 현황에 대해서 보고서 제출해 주세요.'와 같은 주문이 빈번하다. 이때는 보고받는 상사의 니즈를 철저하게 고려해야 한다.

신제품의 반응을 알고 싶은 건지, 타사 제품과의 비교를 원하는지, 제품 보완점이 궁금한지에 따라 보고서의 방향이 완전히 달라진다. 상사의 스타일에 따라 보고서가 상세하게 만들어져야 할지, 또는 간결한 1쪽짜리 보고서가 될지도 정해진다. 동일한 내용의 보고서지만 상사에게 보고하는지, 사장님께 보고하는지, 고객사에 제출하는지 등에 따라 구성과 품질도 달라질 수 있다.

대학은 사회생활을 위한 연습이다. 보고서를 쓸 때 교수님이 '왜 이 보고서를 쓰라고 하셨을까? 무엇을 원하실까?'를 고민한다면 좋은 보고서를 위한 탁월한 시작이 될 수 있다. 보고서를 통해 단순 요약정리를 원하시는지, 배운 내용의 활용을 원하시는지, 배운 내용 외의 추가적인 아이디어를 원하시는지, 비판적인 관점을 중요시하시는지 등 보고서의 의도를 파악해 접근해야 한다. 교수님의 성

향에 따라 내용과 질을 중요시하시는지, 또는 형식과 양을 중요하
게 여기시는지도 달라질 수 있다.

빛이 나는
리포트 완성기

1단계: 주제 잡기

여행을 가려면 여행지를 먼저 정해야 한다. 그 이후에 코스나 숙소 등을 상세하게 알아보게 된다. 화장을 하는 경우라면 어디에 포인트를 둘지 정해야 한다. 얼굴이 작아 보이려면 하이라이트와 섀도로 입체감을 주고, 눈이 커 보이려면 아이라인에 중점을 둔다. 야외 활동이라면 PA+++ 선크림을 4시간마다 바르는 과정이 중요할 것이다.

리포트도 마찬가지다. 새 문서를 열고 흰 종이를 일단 어떻게든 채워 넣으려고 하면 숨만 턱 막힌다. 방향을 먼저 잡아야 한다.

① 전체를 훑고 브레인스토밍하며 주제 찾기

미리 생각해 놓은 주제가 있다면 리포트 쓰기가 수월하다. 수업을 들으면서 '괜찮은 주제다, 내 스타일이다' 싶은 내용이 있다면 그때그때 간략히 메모해 두는 것도 좋다.

주제에 대해 감이 잡히지 않는 경우도 많다. 이때는 전체적인 흐름을 먼저 파악하기를 권한다. 교재나 필기한 내용을 토대로 주제와 연관되는 내용들을 훑어본다. 그러다 보면 마음에 와 닿거나 떠오르는 주제가 생긴다.

주제를 탐색할 때는 '브레인스토밍 기법'을 활용할 수 있다. 브레인스토밍은 뇌에서 폭풍우가 치듯 떠오르는 생각을 비판 없이 끄집어내는 작업이다. 앞서 '6장 노트 필기법'에서 살펴본 마인드맵을 활용할 수도 있다. 예컨대 '우리나라 공교육'이 주제라면 크게는 유치원, 초등, 중등, 고등으로 나눌 수 있을 것이다. 전체적으로 어떤 분야들이 있는지를 훑어보면 주제 선정이 용이해진다.

② 주제는 구체적으로, 때로는 신선하게

'교육의 문제점', '4차 산업혁명'처럼 크고 넓게 주제를 잡으면 이 보고서는 몇 권의 책이 되어도 모자라거나, 반대로 수박 겉핥기식 보고서가 될 수 있다. 전공, 수강하는 과목과 나의 흥미를 고려하여 구체적이고 세부적인 주제를 설정해 본다. 예컨대 '4차 산업혁명'이라면, '치과 보철치료에서의 3D 프린터 활용', '사물인터넷을 활용한 영유아 헬스케어'처럼 세부 주제를 잡을 수 있다. 폭은 좁게 깊이는 깊은 주제를 가져가 보자.

너무 뻔하고 식상한 주제를 벗어나 보는 것도 괜찮다. 애인과 데이트를 하는데 만날 때마다 영화만 본다면 지루해지기 시작하면서 '내가 지금 데이트를 하는 건지, 아니면 영화 동호회에 가입한 건지' 싶을 수 있다. 교수님이 100명의 리포트를 받으신다면 그 안에는 100개의 생각이 있어야겠지만, 막상 다들 비슷비슷하고 때로는 붕어빵을 찍어 낸 듯 유사한 리포트도 꽤 있다. 너무 튀려고 할 필요는 없지만, 흥미롭고 신선한 주제를 잡아 논리적으로 펼친다면 눈에 띄는 보고서가 될 수 있다.

③ 주제는 한 문장으로

주제를 명확히 잡았다면 한 문장으로 표현해 보자. 굳이 쓰지 않아도 알 것 같지만, 막상 글을 쓰다 보면 산으로 가는 경우가 많다. 주제를 확실히 적어놓으면 이후에 자료를 수집하거나 내용을 작성하면서 흐름에서 벗어나지 않는 데 도움이 된다.

2단계: 자료 수집

필자가 예전에 코칭했던 한 학생이 '와인'과 관련된 보고서를 작성하게 되었다. '자료는 다 모았고 이제 작성만 하면 될 것 같아요.' 하면서 엑셀 파일을 보내 주었는데, 놀랍게도 용량이 100MB가 넘었고 그 안은 인터넷에서 긁어 온 온갖 텍스트와 사진으로 꽉 차 있었다. 이 상태에서 조립이 가능할까? 레고 블록이 아무리 많다고 작품이 되는 것은 아니다. 자료를 수집할 때 일단 텍스트를 최대한 많이 긁어 오고 책은 최대치로 빌려 놓고 보는 스타일은 그리 효율적이지 않다.

반대로 인터넷 한두 페이지를 검색하여 아주 쉽게 리포트를 작성하려는 경우도 있다. 최소한의 검색과 최소한의 편집과 최소한의 노력으로 리포트를 때우려고 한다면, 안타깝지만 학점도 최소한으로 나올 수밖에 없다.

자료 조사를 하는 방법에는 크게 세 가지가 있다.

① 인터넷 검색

가족과 관련된 리포트 자료 검색을 위해 '아버지 사랑'이라고 검색하면, 내가 원하는 자료가 아닌 웹 악보가 수백 개 나온다. '아버지, 사랑합니다'와 같은 자료들이 나오면서 포털이 할렐루야스러운 공간이 된다. 인터넷상에 넘치는 자료들 중에서 내가 필요로 하는 자료를 찾아야 한다. 이때 활용할 수 있는 몇 가지 팁을 소개한다.

인터넷으로 검색할 때는 주제에서 벗어나지 않으면서 얼마나 다양하게 검색할 수 있는가가 관건이다. 예를 들어 '온라인 수업 상호작용'을 검색코자 한다면, '온라인 수업' 외에도 '이러닝', '원격수업', '웹 기반 수업', '가상강의', '비대면 수업' 등 유사한 키워드로도 검색해 볼 수 있다.

문서 검색도 가능하다. 예컨대 '인공지능'에 대해서 찾아보는 경우라면, '인공지능.hwp'로 검색하면 관련 한글 문서를, '인공지능.ppt(또는 pptx)'로 검색하면 파워포인트 문서를, '인공지능.pdf'로 검색하면 PDF 파일을 찾을 수 있다. 누군가 만들어 놓은 참고할 수 있는 자료들을 찾을 수 있다.

인터넷에는 많은 자료가 있지만 출처가 불분명하고 사실이 아닌 루머도 꽤나 많다. 이 내용을 그대로 보고서에 넣을 경우, 하나의 내용이 잘못된 수준을 넘어 리포트 전체의 품질이 의심받게 될 수 있으므로 믿을 만한 출처인지 자료 검증에도 신경 써야 한다.

그럼 검색할 때는 어느 사이트를 이용할까? 국내 1위 포탈 네이버의 경우 최신의 이슈와 뉴스들이 빠르게 공유되는 장점이 있다. 반면에 검색 결과물이 네이버에서 만들어진 정보가 다수라는 한계가 있다. 구글은 좀 더 폭넓게 국내외의 결과물을 보여 준다. 목적에 따라 사이트를 선택하여 이용하면 된다.

학술지 관련 사이트에서 '논문'을 검색할 수도 있다. 교수님들의 연구 보고물인 '논문'을 대학생들이 보고서에서 참고하는 경우는 많지 않지만, 교수님들께는 익숙한 자료이기 때문에 활용하면 노력과 전문성을 인정받을 수 있다. 모든 논문에는 1쪽짜리 요약본(초록)이 있기 때문에 이를 보고 필요에 따라 내용을 읽을지 정할 수 있어서 편리하다.

학술지 검색 시에는 학교 도서관 홈페이지에 들어가서 로그인한 후에, 홈페이지에서 'RISS', 'KISS', 'DBPia' 등의 사이트를 클릭하여 들어갈 수 있다. 참고로 논문 하나하나를 열람하려면 '돈'이 들지만, '대학생'일 때만 별도의 비용 없이 여러 논문을 보고 다운받을 수도 있다. 등록금을 내는 재학생일 경우에만 한정되는 특권이므로 전공 자료를 후회 없이 마구 검색하고 활용해 보자.

② 책 검색

도서관에서 '책'을 직접 찾아서 볼 수도 있다. 수많은 책을 빌려서 보는 것도 재학생일 때만의 특권이므로 마음껏 누리자.

'책'은 인터넷에서 찾은 출처가 불분명한 자료에 비해서 저자가 한 번 더 검증했을 가능성이 있어 조금 더 신뢰할 수 있다. (참고로 책보다는 논문에서 정보의 출처를 더 명확하게 밝히는 편이다.)

시간상 주제와 관련된 모든 책을 다 보기는 어렵다. 이때는 학교 도서관 홈페이지나 검색포털에서 관련 서적의 '목차'를 먼저 살펴보고 읽을지 여부를 정한다. 관련도가 높은 순으로 우선순위를 정하고 읽으면 시간을 절약할 수 있다.

지금 리포트를 쓰는데 1950년대의 책들을 참고로 한다면? 꼭 필요하다면 할 수도 있겠지만, 일반적으로는 너무 옛날이야기일 수 있다. 음식에 유통기한이 있다면, 자료에서도 '신선도'가 중요하다. 가능하면 최신에 발간된 자료를 참고하기를 권장한다. 특히 해외 서적을 번역한 경우, 책이 만들어지고 번역되기까지의 과정이 몇 개월에서 몇 년이 걸리기도 한다. 그사이에 사실관계가 뒤바뀔 수도 있으므로 팩트 체크를 잘해야 한다.

'책'을 참고했다면 그 출처도 기록해 놓는다. 리포트 중간중간, 또 마지막에 '참고했다'고 적어 주어야 하기 때문이다. 이 부분은 4단계 '참고 문헌'에서 세부적으로 살펴본다.

③ 현장 조사

보고서에서 장비·기기에 대해 다룬다면 제작업체에 전화하거나 직접 찾아가서 인터뷰를 할 수도 있다. 환경에 관한 리포트라면 오염된 바다에 가서 사진을 찍고 생생한 기록을 남길 수도 있다. 고객 서비스와 관련된 리포트라면 직접 현장에서 고객을 만나거나 설문 조사를 해서 결과를 보고할 수도 있다.

리포트를 쓰면서 이 정도까지 노력을 기울이는 경우는 드물다. 그런데 우리가 사회생활을 하면서 직장에서는 현장에서 직접 조사해야 하는 상황도 발생한다. 대학생 때 리포트를 쓰면서 한 번쯤 이렇게 현장에서 발로 뛰어 자료를 얻는다면, 그 열정과 노력은 단연 교수님의 눈에 띌 수 있을 것이다.

3단계: 내용 구성

이제 조사한 내용을 토대로 리포트의 틀을 구성해 본다. 보고서는 '서론-본론-결론'의 흐름으로 되어 있다. 그렇다고 꼭 서론부터 써야 하는 것은 아니다. 반대로 결론(주제)을 먼저 생각하고, 이를

나는 대학 생활이 처음인데요

뒷받침하는 내용을 본론으로 구성하고, 시작을 어떻게 할지(서론)를 나중에 정하는 식으로 글을 작성하면 더 효과적이다.

① 개요 만들기

'주제'가 여행의 목적지와 같다면, '개요'는 목적지까지 어떻게 갈지를 알려 주는 지도의 역할을 한다. 서론-본론-결론의 내용을 단어 중심으로 간략하게만 적으며 전체의 구성을 개요로 만들어 본다. 책의 목차를 만든다는 생각으로 적어 보아도 좋다.

② 본론 만들기

본론은 보통 3개 내외로 만든다. 최대 5개를 초과하지는 않기를 권한다. 모은 자료를 비슷한 것들끼리 묶어서 3개 내외의 카테고리로 만들 수 있다. 예컨대 대학생의 '비대면 생활'이 주제라면, 강의, 과제와 시험, 대외 활동의 세 가지 카테고리로 본론을 구성할 수 있다.

본론 내용을 구성할 때는 비슷한 소재들끼리 묶을 수도 있고, 또는 필립스가 제시한 내용 조직의 틀을 사용할 수도 있다. 시간(과거 → 현재 → 미래), 공간(A지역 → B지역 → C지역), 분류(특징 3가지), 원인과 결과, 문제와 해결, 유추(유비추리), 대조 중 적절한 방법을 택하면 된다.

예컨대 '한류'에 대한 리포트라면, 시간의 흐름에 따라 삼국시대의 한류, 1세대 아이돌, 2세대 아이돌, 3세대 아이돌 등으로 본론을 구성할 수 있다. 또는 공간에 따라 아시아, 미주, 유럽의 한류로 구성하는 것도 가능하다.

본론 하나하나는 고유의 내용을 갖는 동시에 주제와 관련되어 있는 일관성을 보여야 한다. 새로운 내용을 추가하려다가 주제의 관점에서 벗어나 보고서가 안드로메다로 가지 않도록 주의해야 하겠다.

③ 서론과 결론 만들기

남자와 여자가 처음 만났다. 남자는 여자가 마음에 들었는지 초면에 이런 이야기를 꺼낸다.

"굉장히 제 스타일이신데, 저랑 한 번 결혼하실래요?"

여자는 '오늘 돌아이를 만났구나'라고 생각할지 모른다. 인생에서 중요한 메시지이지만 상대는 아직 받아들일 준비가 되어 있지 않았다.

보고서도 마찬가지다. 초반부터 내가 말하고 싶은 주제를 바로 던지지 말고 일종의 예고 느낌으로 '말할 것'에 대해서 이야기를 풀어 가야 한다. 주제와 관련된 배경적인 정보를 주는 것도 좋다. 왜 이 글을 읽어야 하는지, 글의 방향이 어떠한지 등 보고서의 이정표 역할을 해 주는 부분이 서론이다. 관련된 최근의 사건이나 흥미를 끌 만한 이슈로 시작할 수도 있다.

결론에서는 새로운 이야기가 나와서는 안 된다. 이때는 앞에서 '말한 것'의 범위 내에서 요약을 해 주고 주제를 다시 한 번 강조하며 그 의미를 서술해야 한다. 추후에 논의했으면 하는 방향을 제시해 줄 수도 있다.

나는 대학 생활이 처음인데요

4단계 : 내용 편집

개요를 토대로 본격적인 보고서 작성에 들어간다. 리포트는 워드나 한글 프로그램을 이용하여 작성하는 경우가 많다.

① 많이 하는 실수

리포트에 자신도 모르게 평상시의 말투가 반영되는 경우가 있다. '~해 가지고', '~했어요' 등의 표현은 말할 때는 자연스럽지만 글로 그대로 옮기면 어색하다. 리포트를 작성할 때는 평상시에 쓰는 구어체의 느낌이 아닌 다소 건조한 느낌이 나더라도 글의 형식에 맞는 '문어체'를 사용한다.

애매한 강조의 표현도 지양해야 한다. '최근 조사에 따르면'에서 최근은 언제일까? 읽는 사람이 독심술사도 아니고 알 방법이 없다. 보고서는 '읽는 사람'의 입장에서 객관적으로 전달될 수 있도록 구체적인 수치나 근거와 함께 제시하는 것이 객관적이다.

> [예시] 사람들의 인식이 정말 너무 안 좋다.
> → KBS가 2024년 3월에 성인 남녀 2천 명을 대상으로 한 조사에 따르면 응답자의 25.6%가 이번 조치가 과하다고 평가하는 것으로 나타났다.

문장을 길게 쓰다 보면 앞뒤의 연결도 어렵고 '그런데, 그러나,

그리고'와 같은 접속사의 사용도 많아진다. 자연스러운 연결이 어렵다면 문장은 짧게 쓰는 것이 나을 수 있다. 접속사는 두 개를 연결하는 못의 역할을 하는데, 집에 못이 수천 개 박혀 있다면 끔찍할 것이다. 접속사는 꼭 필요할 때만 쓰도록 한다.

프랑스 작가인 볼테르는 '형용사는 명사의 적이다'라고 했다. 보고서에서는 꾸미는 말을 많이 쓰기보다 간결하고 군더더기 없게 작성하는 것이 객관성 면에서 더 나을 수 있다.

초등학교 때 작성한 일기에 유독 많이 나오는 단어가 있다. '나는 이렇게 느꼈다.', '나는 이렇게 생각했다'……. 보고서에서도 유독 '내'가 많이 등장하고 있지는 않은가? 특정 어휘가 반복되면 중요하지 않은 내용임에도 자꾸만 눈이 가게 된다. 중복되는 어휘는 생략 가능할 경우 생략하거나 다른 어휘로 변경할 수 있다.

> [예시] 우리 자신에게 소중한 '것'을 발견하는 '것'이 지속적인 성공을 만들어 내는 '것'이다.
> → 우리 자신에게 소중한 가치를 발견하면 지속적인 성공을 만들어 낼 수 있다.

② 대표성과 흥미를 담은 제목

제목만 보고 독자가 리포트의 전체 흐름에 대한 감을 잡을 수 있어야 한다. 동시에 읽고 싶은 호기심까지 준다면 성공한 제목이다. 독서 감상 리포트를 쓰는데, 제목을 '한 권으로 끝내는 스피치를 읽

'리포트'를 주제로 작성한 만다라트 :

체계	단계	A+
메이크	과정	결과
메이크업	5단계	신속

공부	벼락	개피곤
다크	밤샘	야식
기적	폭망	

학점	태스크	달성
미션	과제	실습
난이도	극복	

자료	개요	깔끔
깔끔	정리	한눈
워드	네이버	

과정	밤샘	과제
정리	리포트	짜집기
글쓰기	학점	편집

딱걸려	표절	복붙
오류	짜집기	
비결	효율	기술

손맛	명료	간결
주제	글쓰기	주장
작가	족보	

교수	사랑	재수강
해피	학점	A+
학교	어필	

단축키	기술	참고
교정	편집	퇴고
빠른손	타자	서식

고'라고 짓는다면 당신은 고민을 1도 할 필요가 없어서 편할 것이다. 그러나 지성을 갖춘 대학생의 보고서에는 어울리지는 않는다. '나를 표현하는 스피치의 기술', '세상의 중심에서 나를 외치다' 등의 제목을 생각해 볼 수 있다.

제목을 만드는 팁을 하나 살펴본다. '만다라트'라는 창의성 기법이다. 위처럼 3×3의 표를 9개 만든다. 가운데 표 중심에 주제어를 쓰고 주변에 떠오르는 단어를 적는다. 방금 적은 각 단어를 주위 8개 표의 중심에 동일하게 적고, 각 단어에 대해 연상되는 단어를 주변에 또 적어 본다. 이렇게 하고 나면 '리포트'와 관련된 수십 개의 단어가 나오게 된다. 이 단어들을 적절히 조합해서 활용하면 주제에서 벗어나지 않으면서도 창의적인 제목이 나올 수 있다.

참고로 필자는 '리포트 작성법' 강의에 이와 같은 방법을 적용하여 '리포트 메이크업'이라는 강의 제목을 만들었고 화장하듯이 리포트 작성하는 콘셉트로 구성하였다.

③ 노력의 흔적, 참고 문헌

유명인사가 '논문 표절'로 인하여 곤혹을 치르는 모습을 종종 보게 된다. 보고서를 위해 많이 찾아보고 필요한 내용을 참고했다면 박수받을 일이다. 그러나 다른 사람의 이야기와 정보를 가져다 쓰면서 그 출처를 밝히지 않으면 표절이 되므로 참고 문헌을 잘 표기하는 습관을 들여야 한다. 참고 문헌의 목록만 봐도 이 학생이 얼마나 찾아보고 공부했는지가 나오며 리포트의 질을 결정하는 하나의 잣대가 될 수도 있다.

보고서 내용 중에 참고한 부분이 있다면 '각주'로 참고했음을 알린다. 각주에는 '내주'와 '외주'가 있다. 책을 읽으며 자주 본 경험이 있을 것이다. '장한별(2022)은 발표 훈련을 A-B-C 단계로 할 수 있다고 하였다'와 같이 '내주'는 내용 중에 저자와 문헌이 몇 년도인지를 간략하게 표기하는 방식이다. '외주'는 하단에 추가적인 정보를 따

나는 대학 생활이 처음인데요

로 기록할 때 쓰는 방식이다. '온라인 수업에서는 과제를 제출하는 경우가 더 빈번하다.[4]'처럼 위첨자 표기를 하고 아래에 관련 설명을 적는 방식이다.

참고 문헌을 밝혔다고 똑같이 복붙해도 된다는 의미는 아니다. 엄밀하게는 '여섯 단어 이상'이 동일하게 나오면 표절이 된다. 따라서 참고한 내용을 패러프레이징(동일한 의미, 표현은 바꾸어서 전달)하여 적고 각주를 다는 방식으로 작성하기를 권한다. 참고한 내용을 완전히 그대로 가져오는 '직접인용'을 할 경우에는 작은따옴표를 이용한다. 인용은 가능하면 최소한으로 한다.

[예시] 박명수 씨는 '늦었다고 생각할 때는 진짜 너무 늦었다.'고 하였다.

리포트 내용 중에 각주로 출처를 밝혔다고 끝이 아니다. 리포트 제일 마지막에 '참고 문헌'을 따로 적게 되는데, 이때는 각주에서 밝힌 참고 문헌을 더 자세히 기술해야 한다. 참고 문헌을 적는 스타일은 MLA, APA, ACS 등 학문 분야, 학술지, 학교 등에 따라서 조금씩 차이가 있다. 우리 전공에서 쓰는 방식을 보고 따라서 쓰면 된다. APA 스타일(7판)을 예로 살펴보겠다.

....

4 장한별(2023)은 온라인 수업에서 동영상 강좌에 대한 페이퍼, 리포트 등 각종 과제가 증가하는 경향을 보인다고 하였다.

[예시] 책을 참고할 경우
장한별. (2022). 나는 대학 생활이 처음인데요. 더문.

[예시] 학술지를 참고할 경우
장한별, 김진모. (2023). 전문대학 신입생의 교수지지, 학업적 자기효능감, 학습몰입 및 전공만족과 학업지속의향 간의 구조적 관계, 직업교육연구, 42(6), 25-51.

참고 문헌에는 위와 같이 저자, 출판년도, 제목, 출판사(학술지)의 정보가 들어간다. 하나의 정보마다 마침표(.)를 찍어서 구분해 준다. 책의 경우 제목을, 학술지의 경우 학술지명과 호수까지를 굵게 표시하며, 영어 자료일 경우에는 굵은 글씨로 쓴 부분을 이탤릭체로 표시한다(APA 스타일 기준임 주의). 학문 분야에 따라 제목에 『』, 「」와 같은 낫표를 표시하는 경우도 있다.

④ 먹기 좋은 스타일의 서식 맞추기

여우가 두루미를 초대하고 넓은 접시에 음식을 줬다. 부리가 긴 두루미는 음식을 먹지 못하여 깊은 분노를 느끼고, 이후에 여우를 초대하여 호리병에 음식을 주어 복수하였다. 우리가 들어 본 적 있는 이야기다. 왜 여우는 호리병을 들고 마시지 않았는가, 두루미를 잡아먹지 않았는가 하는 생각이 들 수도 있지만, 일단 상대에게 맞춰 배려해 주자는 것이 이 이야기의 교훈이다.

보고서의 '서식'은 딱 정해져 있는 경우가 있다. 글씨체, 글자 크기, 줄 간격, 글자 간격 등이 해당되며 이는 보고자가 원하는 그릇과도 같다. 중요한 보고서의 경우 서식을 맞추지 못한다면 일단 마이너스가 되고, 공모전의 경우에는 평가에서 아예 제외될 수도 있다.

정해진 서식이 굳이 정해져 있지 않다면 워드 프로그램의 기본 설정에서 크게 바꾸지 않도록 한다. 분량을 채우려고 글자 크기를 키우거나 줄 간격을 야금야금 늘리고 싶겠지만, 교수님은 나의 제출물만 보는 것이 아니라 수십 명의 리포트를 보신다. 간격이 조금만 늘어나도 바로 매의 눈에 발각된다. 폰트는 읽기 좋은 '가독성'을 우선적으로 고려한다. 명조나 고딕에 기반을 둔 글씨체를 사용하며, 공식적으로 외부에 제출하는 문서라면 폰트의 저작권도 주의해야 한다.

보고서 겉표지를 두고 의외로 고민하는 경우가 많다. 욕심내어 화려한 무지개 빛깔이나 내가 좋아하는 사랑스러운 캐릭터로 채우지 말자. 제목, 과목명, 교수님 성함, 학번, 이름, 제출일 등의 정보를 잘 넣어 두고 깔끔하게 만들자. 중간에 학교의 로고를 넣어 줄 수도 있다. 이미지를 따로 넣는 것은 지양하고, 굳이 넣는다면 수업이나 주제와 관련된 간략한 정도로만 고려해 본다.

5단계: 최종 점검

외출하기 전에 준비를 마치고 마지막으로 거울을 보면서 점검을 한다. 오늘 패션에 에러는 없는지 삐져나온 코털은 없는지 꼼꼼히 살핀다. 이처럼 리포트 작성 후에도 최종 확인의 작업을 거친다.

① 오타와 실수 잡아내기

오타를 잡아내기 위해 워드 프로그램의 '맞춤법 검사기(한글은 F8)'를 돌릴 수 있다. 또는 국립국어원이나 네이버의 맞춤법 검사기도 이용 가능하다.

그러나 모든 오타를 잡아내지는 못한다. 눈으로 읽을 때는 놓치는 실수가 많지만, 신기하게도 보고서를 소리 내서 한번 읽어 보면 오타나 어색한 부분을 모두 잡을 수 있다.

② 프린트와 보관

리포트는 출력 후에 왼쪽 위에 스템플러 하나를 찍어서 제출하면 된다. 양이 꽤 많은 경우에는 제본도 생각해 볼 수 있다. 혹, 제출 전에 오타를 발견하여 중간 페이지를 재출력하는 경우, 최소한 맨 앞장도 다시 출력하여 스템플러를 뜯어 낸 자국이 없도록 깔끔한 마무리를 하자.

리포트는 교수님께 도달하기 전까지 나에게 책임이 있으므로 견고한 파일 철에 넣어서 보관한다. 문서를 USB에 저장하거나 메일로 보내 놓으면 보고서가 갑작스럽게 분실되거나 물에 젖는 비상사태에도 대처할 수 있다.

나는 대학 생활이 처음인데요

③ 리포트, 미리 쓰고 두세 번만 다시 보자

내일이 리포트 마감일! 마감신의 힘을 빌려 밤을 새우고 나면 초인적인 힘으로 보고서를 뚝딱 해치운 것 같지만, 다음 날 결과물을 보면 손으로 쓴 건지 발로 쓴 건지 알 수 없는 참담한 수준이다.

유명한 작가인 헤밍웨이는 '모든 초고는 걸레다.'라고 말했다. 리포트를 일주일 전 즈음에 작성 완료하고, 하루 이틀 후에 두세 번만 다시 보자. 퇴고를 몇 번만 거쳐도 보고서의 수준이 '발컨' 게이머에서 '프로' 게이머 수준으로 레벨 업 될 수 있을 것이다.

빛나는 실험보고서 쓰기

이공계는 실험을 통해 얻은 결과를 작성하는 실험보고서를 작성하는 경우도 많다. 주제라고 할 수 있는 '실험 목적'은 이미 정해져 있는 경우가 대부분이므로 교재를 참고해서 쓰면 된다. 이어서 실험에 필요한 원리 및 이론을 작성한다.

'실험 방법'의 경우, 교재에 제시된 장치, 방법과 내가 하는 실험이 다른 경우도 있으므로 구체적으로 작성한다. 실험기구의 경우 측정 영역이나 정밀도, 정확도 등도 자세히 기록해 두어야 측정 오차 계산에 활용할 수 있다.

'실험 결과'에서 데이터는 실험에서 나타난 대로 기록한다. 데이터를 표로 나타내는 것도 좋다. 교재에서 본 내용과 실제 했던 실험

의 결과가 다르게 나타나면 심장박동 수가 증가하며 불안하고 초조
해질 수 있다. '측정값을 살짝만 바꿀까?' 하는 조작의 욕망이 올라
올 수 있지만 빈대 잡으려다 초가삼간을 다 태울 수 있다. 실험이
성공적이지 않았는데도 성공한 듯이 적어서는 안 된다. 이미 이 과
정을 거친 조교나 교수님의 눈에는 다 보일 수 있다.

'고찰'에서는 실험을 통해 배운 바를 기술한다. 고찰은 단순히 '재
미있다', '어려웠다', '많이 배웠다'와 같은 감상을 적는 영역이 아니
다. 객관적인 결과를 중심으로 한 해석이 필요하다. 실험의 결과에
대해 얼마나 생각해 보고 적었느냐에 따라 가장 차이가 나는 부분이
기도 하다. 결과가 예상대로 나오지 않았다면 '왜 그렇게 나왔을까'
에 대해서 적는다.

여기에서 오차에 대한 논의를 할 수 있는데, 실험보고서가 오차
확인을 위해 작성하는 '오차보고서'는 아니기 때문에 오차에 따라
'성공이다' 혹은 '실패다'의 내용만 담지 않도록 주의한다. 그 원인을
찾고, 어떤 문제점을 제거하면 실험 목적에 맞는 결과를 얻을 수 있
는지 등을 기술한다.

게임을 잘하기 위하여 게임 유튜버의 방송을 보며 스터디를 하
듯, 보고서를 잘 쓰기 위하여 잘 쓰인 예문을 접해 보는 것도 도움
이 된다. 'A+ 리포트 가이드북'은 이 책의 후반에 있는 '어서 와, 후
기는 처음이지?'를 통해 얻을 수 있다. 우수한 리포트 예문 분석과
함께 최근에 각광받고 있는 생성형 AI를 리포트 작성에 활용할 수

나는 대학 생활이 처음인데요

있는 방법이 담겨있다.

★ 8장 세 줄 요약 ★

1. 보고서는 보고받는 사람의 입맛을 고려하여 작성한다.

2. '리포트 메이크업 5단계'에 따라 보고서를 작성해 본다.

3. 잘 쓴 보고서와 AI 활용방법은 '어서 와, 후기는 처음이지?(p. 315)'를 참고하여
   확인해 본다.

───────

◀ 미션 8. 나의 첫 리포트 ▶

● 대학교에서 '리포트'를 제출하고 난 소감이 어떠했는가? 내 보고서에서 잘한
   점과 아쉬운 점을 스스로 점검해 보자.

존재감 뿜뿜
발표의 기술

발표, 떨림에서
설렘으로

교수님과 학생들 앞에서 발표를 한다고 생각하면 벌써부터 심장이 터져 버릴 것 같고, 할 수만 있다면 땅굴을 파고라도 도망치고 싶은 마음이 간절해진다. '피할 수 없어도 피하라'고들 하지만, 발표는 결국 하게 되어 있다. 대학생 때 '발표 프로 도망러'로 살다가 사회에 나가고 나면, 그때는 진짜 피할 수 없는 부담 백배의 발표를 마주하게 된다.

스피치는 평생 발휘하게 되는 인생의 내공이다. 미리 준비하고 대처한 자에게 발표는 공포의 순간이 아닌 오히려 나를 어필하는 최고의 기회가 될 수도 있다. 이번 장에서 당신을 빛나게 해 주는 발표의 기술을 얻어 보자!

자신감 회복하기

아무리 세상을 놀라게 할 아이디어가 있어도 떨려서 입이 떨어지지 않아 전달이 되지 않으면 의미가 없다. 자신감을 회복하려면 우선 평소에 발표의 성공 경험을 많이 쌓아야 한다. 스피치는 몸으로 직접 부딪치면서 마치 운동처럼 감각을 익히는 분야이다. 발표의 순간을 피하지 말고 적극 활용하고, 필요하다면 스피치 모임(필자가 운영하는 '윔스피치' 등)에서 훈련하면 좋은 기회가 된다.

발표 직전이 가장 심장이 터질 듯한 순간이다. 이때 크게 심호흡을 하는 것도 효과가 있다. 앞서 '5장 집중력'에서 살펴본 심호흡과 같다. 숨을 천천히 들이마시고 내쉬면서 긴장에 머문 관점을 옮겨 보는 것이다. 필자도 발표 직전 긴장될 때 사용하는데 효과가 쏠쏠하다.

평상시에 쓰면 좋은 방법은 '자기암시 훈련'이다. 긍정의 에너지를 자신에게 주는 훈련으로 '내가 자신감 있게 발표하는 모습'을 적어 보고 이미 이런 사람이 된 것처럼 읽는 방법이다. 필자는 여러 스피치 모임에서 이 훈련을 하는 사람들을 보았는데, 처음에는 청중의 눈도 마주치지 못하던 분이 한 달간 훈련한 후에는 자신감으로 충전한 모습을 꽤나 많이 보았다.

'나는 자신감이 넘친다. 내 안에 열정의 에너지가 솟아오른다. 사람들은 나의 이야기에 빠져든다. 나는 훌륭하고 멋진 발표자이다.' 와 같은 나만의 문구를 만들고 연습하면 된다. 작게 읽으면 내면에서 의심과 자아비판이 터져 나오므로, 큰 소리로 주먹을 불끈 쥐면서 하면 효과적이다. 기상해서 20번, 자기 전에 20번, 또 수시로 한 달 정도 연습해 보자. 긴장이 설렘으로 바뀌는 마법을 경험하게 될 것이다.

남을 설득하고자 할 때 가장 먼저 설득해야 할 사람은 누굴까? 바로 '나 자신'이다. 발표하는 순간, '떨려 죽겠어. 어떻게 하면 긴장을 잡을까?'에 몰두하지 말자. 내가 발표 내용에 빠져들면서 '이 내용은 들을 가치가 있다. 사람들에게 필요한 내용이다. 나는 전할 자격이 있다.'라고 되뇐다. 나 자신만 설득하면 그다음부터는 발표는 '헬(Hell) 모드'가 아닌 '이지(Easy) 모드'가 된다.

첫인상부터 사로잡자

사람의 첫인상이 형성되는 데 걸리는 시간은 불과 5초, 첫인상을 바꾸는 데는 40여 시간이 걸린다고 한다. 스피치에서도 초반은 중요하다.

청중 앞에 나서면 긴장되는 마음에 빨리 발표를 해치우고 들어가고 싶어진다. 이때 오히려 여유를 갖고 5초 정도 미소와 함께 청중을 바라보자. 차마 자연스러운 미소가 나오지 않고 썩은 미소만 나온다면, 마음속으로 '제 이야기 듣고 싶어서 많이들 오셨네요.'와 같은 미소가 나올 만한 메시지를 말해 본다.

발표 시작과 마무리에서는 무조건 백만 불짜리 미소와 함께 인사하도록 한다. 인사말을 힘차게 한 후에 목례를 한다. 크고 활력이 있는 목소리로 첫인사를 던진다. 오프닝 부분이 가장 긴장도가 높은 부분이므로 연습할 때 더 중점을 두어서 누가 툭 쳐도 나올 수 있게 해 놓으면 초반을 부드럽게 풀어 갈 수 있다.

발표 내용 구성은 ABO식으로

대학교 수업에서는 앞서 8장에서 작성한 보고서를 토대로 발표하는 경우가 많다. 스피치를 구성하는 방법도 글을 쓰는 것과 비슷하다. 다만 발표에서는 귀를 끄는 전략들이 더 많이 필요하다. 빠르게 짧은 스피치를 구성할 경우라면 ABO 구성법을 이용할 수 있다. (혈액형처럼 ABO식으로 기억하면 편하다.)

먼저 A(aim), 목표를 정한다. 발표 내용이 1분이든 10분이든 1시간이든 청중이 한 가지를 마음에 새길 수 있다면 성공한 발표이다. 면접에서 30초 자기소개를 할 때도 나에 관해 한두 가지 인상을 확실히 남긴다고 생각하고 준비하면 좋다.

B(Body), 본론 내용을 구성한다. 앞서 리포트에서는 3개 내외의 본론이 좋다고 했는데, 스피치에서도 비슷하다. 다만, 스피치 시간이 1~2분으로 짧을 경우에는 본론 3개도 많아서 이때는 한두 개만 넣을 수도 있다.

O(Opening & Closing), 오프닝과 클로징 멘트를 고안한다. 스피치에서의 오프닝은 귀를 확 끄는 매력이 있어야 한다. '대학생들 사이에서 가장 핫한 이 챌린지는 무엇일까요?'처럼 최근 뉴스, 이득 제시, 질문 등으로 시작할 수 있다. 클로징에서는 발표 내용을 간략히 요약하면서 행동 촉구, 미래 제시 등으로 힘차게 또는 여운을 남기며 마무리한다.

청중이 들을 수밖에 없게 만드는 WHO 분석법

무선이어폰을 사고 싶은 사람은 길거리 사람들의 귀만 보인다. 핸드폰을 바꾸고 싶은 사람은 길거리에서 '핸드폰 초특가 세일, 사장님이 미쳤어요'와 같은 문구만 보인다. 사람은 자신과 관련된 이야기가 나올 때 반사적으로 듣게 된다. 발표에서도 듣는 사람들을 고려하여 듣게 만드는 구성을 할 필요가 있다. 청중 분석의 방법을 'WHO 분석법'으로 살펴보자.

'O'는 Official Information으로 청중과 관련된 공식적인 정보이다. 나이, 성별, 인원, 직업(전공), 이슈를 미리 알아보고 발표 중에 연결시킬 수 있는 부분을 찾아본다. 예컨대 시험 기간의 공학도들이라면,

"대학 시험은 참 신기해요. 옆에 책도 있고 계산기까지 있는데…… 그런데 뭘 계산해야 할지를 몰라요."

이런 식으로 청중들이 공감할 수 있는 발표 주제와 관련된 이야기로 오프닝을 열 수 있다.

'H'는 Heart로 청중의 마인드와 지식수준을 의미한다. 청중의 지식수준이 높지 않다면 쉬운 말과 비유로 풀어 주고, 수준이 높다면 배경 설명은 간단하게 설명하고 새 정보를 부각한다. 청중의 마음을 끌려면 '이익' 또는 '공포'를 자극할 수 있어야 한다. '이 이야기를 들으시면 여러분도 솔로 탈출하실 수 있다.', '취업 준비에서 가장 어려워하는 부분이 이것이다.' 하면서 소위 어그로(관심 끌기)를 끌면 다음 내용에 집중하게 된다.

'W'는 Where you are로 발표 장소와 상황을 의미한다. 발표하는 장소의 컴퓨터, 빔프로젝터, 마이크 등은 반드시 발표 전에 미리 체크해 본다. 주어진 발표 시간은 반드시 엄수해야 한다. 대학생 중에 발표 초반에는 떨려하다가 중간에 긴장이 풀리며, 어느새 주어진 시간을 훌쩍 넘겨 자기만의 레이스를 펼치는 안타까운 경우가 꽤 있다. 10분 발표라면 9분 정도에 마무리할 수 있도록 초시계로 재면서 연습하자.

재미와 몰입은 스토리텔링으로(feat. MSG)

프랑스 작가인 장폴 샤르트르는 '인간은 세상사 모든 것을 이야기를 통해 이해한다.'고 하였다. 어려운 내용도 사례를 통해 이해할 수 있고 딱딱한 내용도 부드러운 예시를 덧붙이면 재미있어진다.

면접에서 '저는 책임감이 강합니다. 맡겨진 일은 반드시 해냅니다.'만 반복하기보다 '제가 대학교에서 프로젝트를 할 때였습니다.' 하면서 책임을 다했던 썰을 풀어 주는 것이 훨씬 더 설득력 있다. 발표 내용과 관련된 나의 경험, 들은 이야기, 비유 등을 활용하면 발표를 듣는 재미가 생긴다. 필요에 따라 MSG를 살짝 첨가하여 이야기의 맛을 더할 수 있다. 이러한 스토리를 전할 때는 형식적인 딱딱함보다는 '대화'하는 느낌을 살리면 전달에 효과적이다.

발표 연습은 '키워드 말로 풀기'

PPT를 보면 발표의 견적이 나오는 듯하지만, 실제로 발표해 보면 견적의 오차가 상당함을 뼈아프게 느끼게 된다. 스피치는 운동과 같이 몸으로 익히는 분야라는 점을 명심하자.

대본을 써서 외울 경우, 일단 중간에 까먹으면 끔찍한 방송사고가 난다. 스피치는 NG도 없는 생방송이다. 그런데 안 까먹었다면 성공일까? 까먹지 않아도 문제가 된다. 외운 것에 꽂혀서 책 읽는 봇의 느낌이 나기 때문이다. 이 경우에 진심과 열정의 전달이 대폭 줄어든다.

추천하는 방법은 '키워드 말로 풀기'이다. 주요 단어(키워드) 위주로 된 발표의 개요 정도만 작성하고, 이를 토대로 말을 만들어서 연

나는 대학 생활이 처음인데요

습해 보는 것이다. 예컨대 PPT와 함께 발표하는 경우, 하단의 슬라이드 노트에 그 장표에서 설명할 주요 키워드만 적어 놓는다. 슬라이드에 없는 추가적인 설명이나 사례와 관련된 키워드도 적는다. 노트의 메모를 보면서 말로 풀어 본다. 어느 정도 익숙해졌다면 슬라이드 노트는 보지 않고 PPT 슬라이드만 보면서 말로 풀어 본다. 이후에 PPT도 보지 않고 말할 수 있다면 완벽한 준비가 된 것이다.

대학교 발표 중 'PPT를 읽지 말라'는 지적 사항이 많이 나오는데, 이 역시 키워드를 말로 풀기 연습을 할 경우에는 발생하지 않는다. 연습할 때마다 말이 조금 다르게 나오겠지만 괜찮다. 주요한 키워드만 들어가 있다면 잘하고 있는 것이다. 갑자기 괜찮은 애드립이 나온다면 그 키워드도 추가하자. 연습할수록 내용이 발전될 것이다.

도전! 실전 연습

자신의 목소리를 녹음해서 들어 본 적 있는가? 손발이 오그라들고 시공간이 오그라드는 경험을 하게 된다. 그럼에도 자신을 객관적으로 보는 노력은 필요하다.

발표 리허설하는 모습을 녹화해서 살펴보자. 가장 고쳐야 할 점을 한두 개만 뽑아서 집중적으로 개선하기 위한 연습을 하자. 어느 정도 반복하다 보면 수영처럼 몸에 익숙해지게 되고 신경 쓰지 않아도 자동화된다. 그럼 또 다른 개선점을 잡아 연습을 하면 된다. 자신의 모습을 보면서 너무 비판만 하지 말고 칭찬도 해 주자. 자신만의 스타일, 나다운 스타일을 찾아 강화하다 보면 나만의 경쟁력이 될 수 있다.

발표는 청중을 실제로 두고 연습해야 가장 효과적이다. 8명 이내의 인원이 모여서 두 가지 연습을 하는 것을 추천한다. 첫째는 즉흥 스피치로 즉석에서 주제를 주고 1분 정도 발표해 본다. 갑작스럽게 대응해야 하는 상황에 온몸의 세포가 활성화되면서 빠른 구성과 발표의 미션을 해내는 자신을 발견하게 될 것이다. 둘째는 3분 스피치로 미리 구성하고 연습한 발표를 청중 앞에서 해 본다. 발표 후에는 장점과 개선점에 대한 피드백을 다 함께 간단히 나눌 수 있다.

'연습을 하고 싶은데 제 발표 연습을 위해 사람들을 모을 수가 없어요.' 하는 분들은 네이버카페 '웸스피치'를 찾아오시라. 필자가 만든 자기계발 카페로 스피치에 관한 각종 정보가 있고 경제적인 소수 정예 스터디까지 참여할 수 있다.

나를 세상에 멋지게 어필하는 스피치 능력을 더욱 탄탄히 기르고 싶은 분들은 필자가 운영하는 유튜브 '웸스피치'나, 클래스유 강좌 '척 말고 진짜 말', 그리고 스피치 훈련의 노하우와 꿀팁을 가득 담은 스피치 교과서 『한 권으로 끝내는 스피치』를 참고하기 바란다.

온라인 발표도
문제없어!

수업이 온라인으로 진행되는 경우도 많다 보니 발표도 온라인으로 해야 하는 상황이 발생할 수 있다. 필자가 여러 학생들에게 물어보니 온라인 발표가 오프라인보다는 편하고 부담이 덜 된다는 의견이 많았지만, 반대로 답답하고 어렵다는 의견도 있었다. 온라인 발표는 오프라인과 다른 몇 가지 상황적인 차이가 있어서 이를 이해하고 발표 준비하기를 권한다.

시각, 거슬리지 않으면서 사로잡기

온라인 발표에서는 PPT가 오프라인보다 더 잘 보인다. 앞 친구의 뒤통수 때문에 스크린이 안 보이는 걱정도 할 필요가 없다. 그러나 PPT가 상세히 보이기 때문에 오타나 디자인의 완성도가 눈에 더 잘 드러난다. PPT 준비가 마치 생얼의 모공까지 보여 주는 듯 부담이 될 수 있다.

온라인상에서 발표자의 표정은 더 생생하게 보인다. 온라인의 장점 같아 보이지만 표정이 굳어 있다면 딱딱한 분위기도 빠르게 퍼진다. 따라서 발표 전에 표정을 풀고 미소 짓는 연습을 통해 여유 있고 밝은 표정을 유지할 수 있도록 한다. 얼굴빛이 너무 어둡게 나온다면 앞쪽에 조명을 켜 두고 발표하는 것도 방법이다.

오프라인 발표에서도 화려한 애니메이션의 사용은 지양해야 하는데, 온라인에서는 특히 그렇다. 화면 전환이나 움직임이 온라인상에서 끊길 수 있기 때문이다. 애니메이션이 끊겨서 보이는 경우가 잦다 보면 청중의 입장에서도 시각적 피로감이 쌓일 수 있으므로 주의한다.

청각, 피로하게 하지 않으면서 사로잡기

온라인 수업을 들으면서 이어폰을 꽂고 참여하는 경우가 많다. 따라서 청각적인 자극을 더 크게 받게 된다. 온라인 발표는 주변 소음의 영향이 크다. 카페 같은 공간에서 발표하면 청중은 끊임없는 소음에 시달리게 될 것이다. 발표자는 소음이 차단된 조용한 공간

나는 대학 생활이 처음인데요

에서 접속하도록 한다.

PPT에 음악이나 효과음을 많이 넣다 보면 청각적인 피로감이 쌓일 수 있다. 음악 볼륨의 경우 온라인에서 너무 크거나 작지 않게 맞추기가 까다로울 수 있다. 꼭 틀어야 하는 상황이라면 청중에게 볼륨이 적절한지 묻고 확인한다. 수업에 사용하는 플랫폼(ZOOM, Goole Meet, Webex)에 따라 발표 자료를 공유할 때 '소리 포함' 옵션이 있는지를 미리 확인하고 화면 공유와 음악 재생도 테스트해 보도록 한다. 온라인 발표는 오프라인에 비해 음악의 비중을 줄이기를 권장한다.

오프라인에서 큰 소리로 발표해 왔다면 온라인에서는 조정이 필요하다. 이어폰을 끼고 있는 청중들은 고막이 터지는 듯한 고통을 겪을 수 있기 때문이다. 마이크와의 적절한 거리를 미리 확인하고 대화톤의 느낌을 살려야 듣기에 더 편안한다.

그렇다고 알파고처럼 일정한 톤으로만 반복되면 청중은 쉽게 최면이나 딴짓에 빠져들 수 있으므로 적절한 강조법의 활용도 필요하다. '강감찬 떡' 강조법을 활용하여, 중요한 부분에서 조금 '강'하거나 반대로 약하게, 스토리 전달 시에서 '감'정을 살리고 대사로 바꿔볼 수 있다. '찬'찬히(천천히) 속도의 변화도 줄 수 있다. 청중과 밀당하는 느낌으로 속도의 변화를 주며, 발표 중간중간 쉼(pause)의 여유도 필요하다. 온라인에서는 집중이 금세 흐트러질 수 있으므로 '대학생분들이 이걸 많이 어려워하세요.', '이 부분이 포인트입니다.'처럼 귀를 끄는 '떡'밥 멘트를 중간중간 활용할 수도 있다.

주고받는 소통, 온라인에서도 가능하다

온라인 발표의 가장 큰 아쉬움은 청중과 눈빛, 목소리로 주고받는 소통이 어렵다는 것이다. 필자가 아는 교수님들도 온라인 수업이 벽에 대고 말하는 듯 답답하다고 호소하신다.

온라인에서도 소통이 어느 정도 가능하다. 중간중간 '질문'을 던질 수 있다. 꼭 특정 학생을 지목해서 부담을 줄 필요는 없다. 질문하고 몇 초 쉼을 주는 것만으로도 청중은 마음속으로 생각해 보게 된다. 다양한 반응을 직접 듣기 원한다면 '채팅'을 활용하는 방법도 있다. 오프라인에서는 목소리 내기를 부담스러워하던 청중에게 온라인상에서의 채팅은 오히려 편한 방법이 된다.

질문 후 약간의 시간을 주고 관련된 힌트를 줄 수도 있다. 의견이 올라올 때 필요한 건 냉철한 비판이 아닌 '초긍정의 피드백'이다. 채팅에 올라온 의견은 VIP의 말씀으로 여기고 무조건 좋은 점을 칭찬해 주고 띄워 준다. 그럼 이를 지켜보는 다른 청중들의 참여도 유도할 수 있다.

발표자와 청중이 직접 대화하지는 않아도 중간중간에 청중이 메시지를 받아들일 수 있도록 '쉼'을 적절히 주면 은근히 대화하는 느낌을 살릴 수 있다. 폭주기관차처럼 발표를 속사포 랩하듯이 쏟아 내지 말고 청중이 '저게 어떤 의미지?', '아, 그렇구나.'를 마음속으로 생각할 여유를 주자. 보이지 않는 대화를 한다고 생각하면 소통의 분위기를 만들어 가는 데 도움이 된다.

나는 대학 생활이 처음인데요

소통의 온라인 수업 장면 :

★ 9장 세 줄 요약 ★

1. 자신감 회복과 내용 구성 연습, 실전 발표 훈련으로 멋진 발표가 완성된다.

2. 온라인에서는 시 · 청각과 소통 방법을 한 번 더 고민해 본다.

3. 스피치 실전 연습은 '웜스피치(네이버카페)'나 '클래스유 강좌(척 말고 진짜 말)', 그리고 책 『한 권으로 끝내는 스피치』를 참고한다.

◀ 미션 9. 첫 발표에 도전하라! ▶

● 대학교에서의 첫 발표에 도전해 보자. 발표했던 느낌과 잘한 점, 개선할 점을 적어 보자.

● 발표 정보나 스터디 참여를 원한다면 네이버 카페/유튜브 '웜스피치'를 참고

하자. 이 책을 읽고 찾아왔다고 남기시면 필자가 격하게 환영하고 응원해 드

린다.

▶ 유튜브 '웜스피치' 무료 강좌

나는 대학 생활이 처음인데요

10장

게임처럼
하는 팀플

게임 같은
팀플 전략

팀플, 빌런과 트롤의 천국

대학교 수업에서는 팀원들과 함께하는 활동인 '팀 프로젝트'가 꼭 있다. 팀별로 과제를 하고 발표를 하는 과정이기 때문에 협동심과 소통 능력, 책임감을 기를 수 있다는 기대가 된다. 그러나 막상 팀플을 하면 '내가 같은 팀원들을 얼마나 싫어하는가!', '결국 나 혼자 떠맡아야 한다.', '세상에 믿을 인간은 나밖에 없다.'는 씁쓸함을 느끼게 되기 십상이다.

어떤 사람은 독단적으로 결정하고 다른 팀원들의 의견에는 '멘탈 전치 10주'의 백태클을 수시로 건다. 팀원들이 고생해서 만든 결과물도 자기 임의대로 뒤집어 버린다. '너희들의 의견은 다 쓰레기야'

라고 말하는 것만 같다. 그래도 이 사람은 의견이라도 내고 팀플에 참여한다.

더 무서운 구성원은 무임승차자이다. 'PPT 만들 줄 몰라요.', '발표 무서워서 못해요.', '자료 조사는 대체 어떻게 하는 거죠?' 하면서 발을 뺀다. 팀 회의만 하려고 하면 몸이 아프고 집안에 돌아가시는 분이 많아지고 왜 이리 사건 사고가 많아지는지 모르겠다.

그런가 하면 자료 조사를 맡았는데 인터넷 자료만 긁어 놓고 했다는 팀원, 일은 안 하면서 회식만 하자는 망나니……. 이렇게 놓고 보면 팀플의 구성 요소는 '빌런과 트롤'이 아닐까 싶기도 하다. 대학내일20대연구소에 따르면 대학생들이 팀플에서 어려워하는 점은 업무 배분(43%), 모임 시간 정하기(28%), 조원 간 불화(22%) 순으로 나타났다.

팀플, 이래서 필요하다

"교수님, 저는 팀플로 하지 않고 그냥 혼자서 과제 하면 안 되나요?"

아주 드물게 이런 요청을 하는 대학생도 있다. 팀플이 불편하고 번거롭다는 점은 공감한다. 하지만 팀플이 필요한 이유가 있다.

대학 생활은 단순히 대학생 때만을 위한 시간이 아닌 '사회인'이 되는 중간 과정임을 잊지 말자. 사회생활은 '팀플레이'로 이루어진다. 회사나 기관에 들어가면 대부분 팀 단위로 일하게 되며 매일같이 회의와 보고, 협업이 이루어진다. 혼자서 하는 일은 단연코 존재하지 않는다.

필자의 경우 프리랜서의 형태로 혼자 일하는 것 같지만, 막상 수많은 담당자님들과 소통하고 협업하면서 일한다. 회사원이라면 두말할 나위가 없을 것이다. 대학 팀플 중에 빌런과 트롤을 만난다면? 그들은 예고편에 불과하다. 사회에는 슈퍼 빌런과 트롤이 널려있다. 어떻게 대처하고 일해야 하는지를 깨닫는 것도 중요한 배움이다.

혼자 하는 배움은 반드시 한계에 부딪히게 된다. 나 혼자 아무리 잘 아는 듯해도 다른 사람들이 더 잘 아는 분야가 반드시 있기 마련이다. 내가 아무리 창의적이어도 나만의 틀을 벗어나기는 힘들다. '아닌데? 나는 혼자서도 충분히 잘해서 다른 사람들로부터의 배움은 필요 없는데?'라는 생각이 든다면 주의하라. 당신은 '젊은 꼰대'일지 모른다. 팀플을 하면 전공 지식은 물론, 다른 사람의 사고방식과 관점, 효과적으로 일하는 방법도 배울 수 있다.

당신이 취업을 준비하면서 자소서를 쓰고 면접을 볼 때, '나의 강점'을 어필해야 하는 순간이 온다. 그때 어떤 강점을 어필할 것인가? 사회에서 필요로 하는 강점은 '전공 능력과 사회생활 능력'이다. 무조건 팀플레이를 하게 되는 사회에서 당신의 팀플 경험과 배움에 대한 썰은 면접관의 귀를 사로잡는다. 리더십, 팔로워십, 기획력, 자료 조사 능력, 의사소통과 문제 해결, 발표력 등 팀플을 하

나는 대학 생활이 처음인데요

면서 배운 것들이 나를 빛나게 해 주는 자산이 된다.

게임처럼 팀플을 한다?

사실 우리는 이미 팀플을 즐겨하고 있다. 소환사의 협곡과 각종 전장에서 팀전을 일상으로 하고 있고, 친구와 함께 코스를 정해서 수다를 떨고 쇼핑을 하며 각종 활동을 즐긴다. 우리가 즐겨하는 팀 활동처럼 팀 프로젝트를 해 보면 어떨까? 함께 도전해 보자!

작전회의에서 합의하기

'ㅇㄷ(원딜!)', 'ㅅㅍ(서포트)!', 'ㅁㄷ(미드)!'

온라인게임 '롤'이 시작되기 직전, 채팅으로 빠른 작전 회의가 열린다. 각자 어떤 역할을 맡을지 합의하고 준비하는 것이다. 축구 등 팀 스포츠를 할 때도 공격수, 미드필더, 수비수, 골키퍼의 역할을 나누고 어떻게 게임을 풀어 갈지 작전을 짠다.

팀플을 시작하면서, 같이하는 과제는 물론 공부 과정에 대해서도 팀원들 간의 합의가 필요하다. 팀플의 '과정'과 '구체적인 결과'에 대해 이야기를 나누며 공동의 목표를 세우는 것이다. 팀 과제 준비는 개인의 발표 과제 준비와 큰 흐름이 유사하다.

주제 정하기 → 자료 조사 → 내용 구성 → 보고서 작성
→ (발표 자료 제작) → 제출(또는 발표)

팀원들과 이러한 과정에 대하여 수시로 합의하며, 각 과정을 어떻게 준비할지 세부적으로 정한다. 예컨대 다음과 같은 부분을 정할 수 있다.

- 제출해야 하는 과제물은 무엇이고 어느 수준으로 만들어야 하는지
- 우리가 해야 하는 과업은 무엇인지
- 다음 모임까지 어떤 준비를 각자 할지
- 모임시간은 언제 어떻게 할지
- 기타 우리 팀의 룰

당신은 이런 부분에 대해서 바로 감이 올 수도 있다. 이때 '여러분, 이런 식으로 합시다'라고 통보하기보다는, 조금은 번거롭더라도 한 명씩 의견을 돌아가면서 말하고, 과정과 결과에 대해서도 직접 동의의 목소리를 듣기를 권한다. 같이 이야기하고 입으로 동의를 해야 뒷말이 없다.

팀 모임 때마다 간단하게 회의록을 기록할 수도 있다. 일시, 장소, 참석자, 역할 분배, 지난 수행 결과, 오늘 토의할 내용, 각자 할 일, 다음 모임 일시/장소 등을 남겨 두는 것이다. 이렇게 하면

나는 대학 생활이 처음인데요

팀원들의 참여 여부가 매번 체크될 수 있고, 각자의 과업과 마감일이 명확히 남아 있어서 팀원들이 책임감을 더 가질 수 있다.

첫 모임이라면 서로를 간단히 소개하고 인사 나누기를 권장한다. 그러나 지나치게 친교의 시간을 많이 확보하고 회식의 연속으로 갈 필요까지는 없다. 함께 과업을 하면서도 팀워크를 발휘하고 친해질 수 있기 때문이다.

효율적인 팀 회의의 원칙

팀 회의 시간이 길어지다 보면 팀원들의 영혼도 떠나가기 쉽고 다음 모임도 피하고 싶어질 수 있다. 30분이든 1시간이든 시간을 정해 놓고 집중도를 높이길 권한다.

모이고 나서 토의 안건을 주고 의견을 물으면 다들 꿀 먹은 벙어리가 될 수 있다. 따라서 팀 회의 며칠 전에 논의할 주제를 같이 정하고 미리 생각해 오도록 한다. 팀 회의 하루 전날이나 당일에 회의 주제를 한 번 더 이야기해 주며 고민해 보도록 약간 닦달할 수도 있다.

회의 중의 발언은 최대한 돌아가며 골고루 이루어질 수 있도록 한다. 수다쟁이가 회의 시간을 독점하지 않도록, 소외당하는 사람이 없도록 해야 하겠다. 함께하기로 한 부분은 반드시 모두가 '입'을 열어 동의 여부를 확인하고 진행하도록 한다.

팀플 의사소통의 기술 : 경청

"6시 공격 가자!"

"빽! 본진 방어해!"

게임을 하면서 신속하고 정확한 의사소통은 필수이다. 채팅을 이용하기도 하고, 헤드셋을 착용하여 음성으로 더 빠르게 소통하기도 한다. 말귀를 못 알아먹거나 작전에 따르지 않으면 공격 나간 아군이 전멸당하고 본진이 털릴 수도 있다.

팀플을 하는 과정에서도 신속·정확한 의사소통은 필수이다. 사람은 생각보다 소통을 못한다. 개떡같이 말해도 찰떡같이 알아듣기를 바라지 말자. 개떡같이 말하면 개떡같이 알아들을 뿐이다. 소통을 위해 팀별로 단톡방은 기본적으로 운영해야 한다. 채팅이든 직접 대화를 하든 원활한 소통을 위해서는 잘 듣고 잘 전달하는 능력이 필요하다.

'잘 들어야 제대로 답할 수 있다. 잘 듣기는 어떻게 하는 것일까? '들을 청' 자를 보면 듣는 원리가 담겨 있다. 임금의 귀처럼 듣고, 열 개의 눈으로 집중하고, 입을 열어 리액션을 하고, 다른 생각 안 하며 하나의 마음으로 듣는다는 의미로 해석할 수 있다. 귀로만 듣는다고 끝이 아니라 눈과 마음과 입으로도 들어야 한다.

누군가 의견을 냈을 때 마음에 들지 않는 의견이 나오면, '그건 별로다' 하는 맥 커터(맥을 끊는)가 있다. 팀원들의 분위기는 얼어붙고 입도 얼어붙어 참여가 떨어질 수 있다. 어떤 의견이든 열린 자세로

나는 대학 생활이 처음인데요

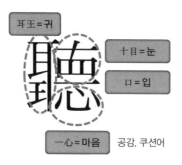

한자 '들을 청'에 숨겨진 경청 방법 :

들어 주면서 고개도 끄덕이고 긍정의 반응을 해 주자. 조금 맞지 않는 의견도 말하는 동안에는 '그럴 수 있겠네요.' 하면서 들어 주자. 팀원이 고생해서 준비한 결과물이라면 '고생 많으셨다'는 공감도 해주고, 때로 상황을 부드럽게 만들어 주는 '괜찮으시다면', '바쁘시겠지만'과 같은 '쿠션어'도 사용할 수 있다.

이후에 팀 의사결정을 할 때는 함께 비판적인 관점으로 최적의 의견을 선택하도록 한다. 의견을 최대한 다양하게 듣는 브레인스토밍과, 최종 결정을 위해 의견을 추리는 과정은 분명 차이가 있다.

팀플 의사소통의 기술: 말하기

'어제 뭐 먹었어?'라고 물으면 어떤 사람은 '밥'이라고 단답식으로 말하는 반면, 어떤 사람은 냉장고 속 탐험부터 시작해서 김치에 붙은 고춧가루까지 이야기하는 사람도 있다. 팀 회의에서는 너무 간결한 단답형도, 너무 구구절절한 답변도 대개 적절히 않다. 필요한 정보를 충분히 전하면서도 너무 길어지지 않도록 한다.

회의나 면접에서 말할 때는 'PREP'법을 활용하는 것도 괜찮다. 처음에 Point(결론)를 이야기하고, 거기에 대한 Reason(근거)과 Example(예시)을 제시한 후 Point(결론)를 다시 한 번 강조한다. 팀 회의에서는 한 사람이 길게 발언하기보다 간결하게 말하고, 여러 사람들의 의견이 오가는 티키타카가 빈번히 이루어지는 것이 더 적절하겠다.

빌런과 트롤 팀원에 대처하기

선의와 열정을 가지고 팀플을 하려고 했으나, 제발 없기를 바라던 빌런, 트롤 팀원이 등장할 수 있다. 이때 어떻게 대처하면 좋을까? 인간관계에 정답은 없기에 당신만의 해결책을 찾아가야 한다. 빌런과 트롤의 유형에 따라 참고할 수 있는 몇 가지 방법을 소개하고자 한다.

Lv.1 시키는 것만 하는 봇

팀플을 해야 한다는 생각은 있지만 적극적으로 나서기를 꺼린다. 스스로 일을 찾아서 하지 않고 뚜렷한 의사표현도 없는 편이며 궁금

두려운 빌런 & 트롤 팀원 :

해도 묻지 않고 끝끝내 잘 참는다. 팀원의 입장에서 고구마 먹은 듯 답답해 보일 수 있으나, 그래도 시키는 일은 하는 편이니 다행으로 여기자.

이런 팀원에게는 의견을 물어보고 정해지는 사항에 동의하는지 확인한다. 일을 주면 시킨 일은 나름 해내지만 맡겨진 일을 하면서 도 궁금한 부분을 제때 묻지 않는 경향이 있어서, 시간이 촉박할 경 우 결과물을 받고 나면 기대와 달라 난감할 수도 있다. 따라서 이런 팀원에게는 '7일 24시까지 1번 주제에 대한 자료 조사를 한글 파일 5쪽 분량으로 준비해서 단톡에 올려 달라'는 식으로 할 일을 구체적 으로 제시하는 것이 좋다. 아예 기대되는 수준의 샘플을 보여 줄 수 도 있겠다.

Lv.2 뭘 해도 지적하는 모두 까기

　무슨 인생의 불만이 그리 많은지 모르겠다. 다른 사람의 의견에 딴죽을 걸고 불만을 토로한다. 그렇다고 막상 자신이 의견을 제대로 내는 것도 아니다.

　일단 오해하지 말아야 할 부분은 비판적인 관점이 꼭 나쁜 것만은 아니라는 점이다. '좋은 게 좋다'라는 식으로만 가다 보면 의견을 선별하지 못하고 모두 받아들이게 되어 결국 누더기를 붙인 듯한 처참한 결과물이 나올 수 있다. 비판적인 관점은 개인의 발전과 팀플에도 필요한 요소이다.

　팀 회의에서 방향을 정할 때, 다양한 의견을 들은 후에 의견을 추리는 과정을 거친다. 다양한 의견을 내고 있는 자리에서 모두 까기 팀원이 비판적 이야기를 꺼낸다면, '지금은 모든 의견을 다 종합해 보고 잠시 후에 추려 보자'고 제지할 수 있다.

　모두 까기가 다른 팀원들의 의견에 대해 합리적인 비판을 한다면 팀 의사결정에 도움이 될 수 있다. 그러나 비판만 하고 끝까지 다 싫다고 한다면 '그렇다면 대안은 무엇인가? 어떻게 했으면 좋겠나? 이 중에서 결정하자면 어떤 게 좋을까?' 등의 질문으로 다소나마 따르게 할 수 있다.

　그냥 불만만 토로하는 수준이라면 팀 분위기 차원에서 회의의 원칙이나 룰로 다스리자.

Lv.3 늦고 지체되는 프로 지각러

시간 약속을 정하면 꼭 30분씩 늦는, 한 대 쥐어박고 싶은 친구가 있을 것이다. 팀플에서도 단골로 지각하는 사람이 있다. 특히 맡겨진 일을 마감 시한까지 하지 못하면 그다음 과정을 준비하는 팀원이 똥줄 타면서 피해를 보게 된다. 하루 이틀의 습관으로 이런 인간이 만들어진 것은 아닐 터, 어르고 달래도 별 효과는 없어 보인다.

이 인간이 주요한 역할을 맡았는데 과제 제출 직전까지 뭉그적대면 팀원 모두가 똥물을 뒤집어쓰게 될 수 있다. 이런 팀원에 대비하여 팀원들이 모인 자리에서 그 일을 바로 하게 할 수 있다. 또한 팀플 과정 일정을 생각보다 더 타이트하게 잡는 것도 방법이다. 이 팀원에게 자료를 받아야 한다면 시간이 촉박하니 하루만 더 빨리 보내 달라고 하면서, 자료를 전달받는 날 며칠 전부터 '잘되어 가는지' 확인하고 '속도를 내 달라'며 부탁의 탈을 쓴 독촉을 할 수 있다.

Lv.4 뭘 시켜도 못하는 답답이

시키는 일을 하기는 하지만 실력이 정말 부족한 경우이다. 발표하라니 국어책을 읽고, 자료를 찾으랬더니 인터넷을 복붙하고, PPT를 시키면 보노보노 PPT(텍스트 꽉 채우고 지가 좋아하는 캐릭터 넣음)를 만들고……. 안 하니만 못한 일을 하는 경우다.

나는 대학 생활이 처음인데요

이런 캐릭터는 팀플 초반에 빨리 파악해야 한다. 일을 지질히 못한다 싶으면, 애초에 요구하는 수준의 샘플을 보여 주고 일을 맡길수 있다. 특히 추천하는 방법은 '중간보고'이다. 마감 일정을 당겨서 결과물을 중간에 확인하여 개선을 요구할 수 있다. 최악의 경우 다른 사람이 그 일을 커버해야 될 수도 있으므로 일정을 살짝 타이트하게 잡는 것이 좋다.

Lv.5 다 지 맘대로 독불장군

열심히 일하면서 팀원들을 힘들게 하는 스타일도 있다. 팀원들의 의견을 다 들어 보려고 하지도 않고 '됐고, 이렇게 가죠.' 하면서 혼자 프로 일잘러인 척한다. 팀원이 고생해서 한 결과물을 자기 마음에 안 든다고 밥상 엎듯 뒤집어엎고, 밤이나 새벽에도 카톡으로 지령을 내린다.

이런 사람이 조장이라면 팀원들은 간절히 해방을 꿈꿀 것이다. 초반에 섣불리 '조장은 하고 싶은 분이 합시다' 해서 이런 사람에게 전권을 맡기면 모두가 불행해질 수 있으므로 주의하자. 초반에 팀플을 함께하는 '과정'에 대해서 합의하고, 독불장군이 나서려고 하면 '우리가 이렇게 하기로 정했으니 그렇게 가야 하지 않겠냐?'며 팀원들의 집단 동의로 제지할 수 있겠다.

Lv.6 뭐 믿고 그러는지 모를 근자감

열정이 있고, 먼저 앞에 나서고, 조장도 자원해서 한다고 하는 믿음직해 보이는 스타일이다. 그런데 막상 개뿔도 준비되지 않아 뒤통수를 제대로 맞게 된다. 큰소리 뻥뻥 쳐 놓고 중요한 역할을 엉망으로 만들어 팀플이 돌아올 수 없는 강을 건너게 만든다.

이런 팀원을 위해 꼭 필요한 것은 중간 점검과 리허설이다. 근자감 스타일은 나서기를 좋아하여 발표도 자신이 한다고 하는데, 발표 당일에 다된 팀플에 재를 뿌릴 수 있다. 따라서 맡긴 일을 반드시 중간에 점검하도록 한다. 발표를 맡았다면 2~3일 전에 팀원들이 참여하는 리허설을 한다. '그거 안 해도 돼'라고 해도 팀원들이 합심하여 리허설을 하도록 정하면 된다. 리허설을 보니 상태가 난리도 아니라면 개선 방향을 함께 논의하고 한 번 더 리허설을 하여 근거 없는 자신감을 근거 있는 자신감으로 바꿔 주자.

Lv.7 나올 생각을 안 하는 잠수부

무념무상. 학점도, 평판도, 세상 아무런 욕심이 없어 보인다. 뭘 시켜도 안 한다, 못한다고 한다. 팀 회의에도 온갖 핑계를 대며 불참한다. 팀 인원수 −1을 해야 하는 수준의 팀원이다.

회의에 자꾸 불참한다면 수업이 끝나자마자 곧바로 팀 회의를 해

나는 대학 생활이 처음인데요

서 붙잡아 두는 방법을 사용할 수 있다. 물론 수업이 끝나자마자 신데렐라처럼 어느새 사라질 가능성이 높다. 혹 참석한다면 적당한 일을 맡기고 수시로 독촉하면서 결과물을 받아 내고자 시도할 수 있다. 갑자기 그 사람이 인간 갱생이 되어 모범 팀원이 되기는 기대하기 어렵다. 초반에 빌런의 싹이 보인다면, 일단 회의 때마다 회의록을 남기며 참석 인원의 명단을 남긴다고 알린다. 어르고 달래도 소용없다면 당신 혼자 가슴 아파하지 말고 팀원들과 회의를 통해 어떻게 하면 좋을지를 결정한다. 나 혼자 총대 매고 설득하려 하지 말고 팀의 의사결정으로 대응하자.

도저히 무찌르기 어려운 빌런이라고 판단되면 이때는 팀플 게임판 설계자인 교수님께 도움을 청하라. 불성실한 조원을 혼자서 상대하기에는 한계가 있다. 상황을 말씀드리고 어떻게 하면 좋을지 여쭤라. 교수님께 항의보다는 상담의 느낌으로 말씀드린다면 무언가 방법을 주실 것이다. 혹, 만족할 만한 조치가 없다고 해도 그 빌런은 교수님의 살생부에 기록되어 있을 수 있다.

우리는 다양한 팀플의 빌런들을 상대해 보았다. 트롤과 빌런에 지혜롭게 대처하는 자세가 필요하지만, 무엇보다 내가 빌런은 아닌지 자아 성찰부터 해 보자. 누군가에게 최소한 피해는 주지 말자.

다소 답답한 빌런을 만나더라도 사회생활을 위한 연습 게임이라 생각하고 미워도 다시 한 번, 가능한 노력들을 해 보자. 나의 사회생활 스킬이 어느새 +1 되어 있을 것이다.

스마트한 온라인
협업 툴

오프라인에서 만나기 어려운 상황 때문에 온라인으로 팀플을 해야 하는 경우도 있다. 직접 만나지 못해 의사소통이 답답할 수 있지만, 몇 가지 협업 도구를 이용하면 한결 원활하게 소통할 수 있다.

화상강의 온라인 플랫폼

ZOOM, Google Meet, Webex 등의 온라인 플랫폼을 이용하면 원격으로도 팀 회의를 할 수 있다. 팀원들은 각자의 장소에서 핸드폰만으로도 접속이 가능하지만, 앞으로 소개할 협업 툴의 원활한 사용을 위해서는 노트북(웹캠 내장) 또는 PC+웹캠(핸드폰)으로 참여하기를 권장한다. 온라인 수업과 마찬가지로 조용한 장소에서 접속해야 소음이 차단된다.

굳이 유료로 가입하지 않아도 ZOOM은 무료로 40분까지, Webex는 무료로 50분까지, Google Meet는 60분까지 이용 가능하다. 화상회의를 여는 호스트만 홈페이지에서 로그인하여 예약하고, 팀원들에게 그 링크만 전해 주면 참여자들은 따로 로그인 없이도 참여가 가능하다. 온라인 플랫폼엔 화면 공유와 화이트보드의 기능이 있어서 각자의 자료를 공유하고 화이트보드에 함께 적어 가며 이야기를 나누는 것도 가능하다.

팀 문서를 함께 사용하는 '구글 드라이브 / 문서'

팀별로 문서를 작성하고 이슈를 이야기하다 보면 어느 문서가 최신 버전인지, 현재 주요한 이슈가 무엇인지 한눈에 확인하기 어려울 때가 많다. 문서가 여러 개 올라오다 보니 예전 버전을 참고하여 작업하다가 '아차차, 이 버전이 아니구나!' 하는 눈물이 주르륵 흐르는 상황도 발생한다. 따라서 팀원들과 문서를 공유할 때는 파일명에 '팀 발표자료 v.2'처럼 버전을 적어 주자.

'구글 드라이브/문서'를 이용하면 통일된 작업을 하는 데 도움이 된다. 구글 아이디만 있으면 누구나 이용 가능하다. '구글 드라이브'에 공유하기 원하는 폴더를 만들거나 파일을 업로드한 뒤에 팀원들

구글 드라이브를 활용한 문서 공유 : ────────────────

구글 드라이브/문서 공유 방법 설정 : ────────────────

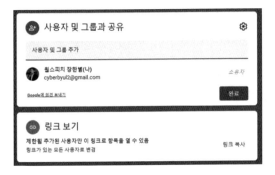

　　　　　　　　　　　　　　　　　　　나는 대학 생활이 처음인데요

구글 문서를 활용한 실시간 팀 문서 작업 :

과 간단히 '공유'할 수 있다. 공유를 원하는 팀원들의 'gmail' 주소를 입력하거나, 또는 링크만 복사해서 전달해도 공유가 가능하다.

'구글 문서(Google Docs)'를 이용하면 여러 인원이 동시에 글을 쓰고 수정할 수 있다. 구글 드라이브와 마찬가지로 링크만으로 팀원들과 공유가 가능하다. 온라인 회의를 할 경우에 모두가 구글 문서에 접속하여 의견을 적으면서 이야기 나누면 한눈에 확인하기도 좋다. 팀별 회의록의 용도로 활용해도 효과적이다. 회의 이후 정해진 사항들도 정리해 두면, 각자 해야 하는 역할이나 일정 마감 등의 진행 상황을 확인할 수 있다.

함께 기획할 때 쓰는 '온라인 마인드맵'

　오프라인에서 같이 종이에 그리고 적거나 판서하면서 회의를 하면 이해가 잘된다. 그런데 온라인에서는 이런 부분에 한계가 있다.

　온라인으로 아이디어를 함께 펼칠 때, 특히 기획이나 브레인스토밍을 할 때 마인드맵 도구를 사용하면 유용하다. 여러 앱 중 하나인 '마인드 마이스터'를 소개한다. 무료로 3장까지 이용할 수 있고 링크만으로 공유가 가능하다(Share 버튼). 이용 방법도 간단하여 Tab 키를 누르면 다음 수준의 가지로 연결되고, Enter 키를 누르면 동일 수준의 아이디어가 추가된다. 팀플 때는 물론, 개인적으로 보고서

온라인 마인드맵 도구의 활용 :

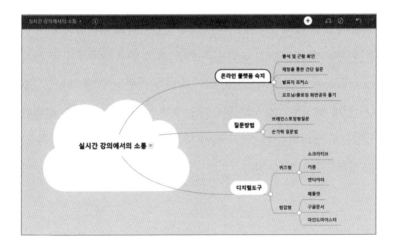

나는 대학 생활이 처음인데요

목차를 만들거나 새로 하고자 하는 일의 개요를 짤 때도 유용하다.

★ 10장 세 줄 요약 ★

1. 본격 팀플에 앞서 팀원들과 프로젝트 결과와 과정에 대해 합의를 본다.

2. 빌런, 트롤 팀원에 나름 대처할 수 있는 방법이 있다.

3. 온라인 협업 툴을 사용하면 온라인 팀플도 가능하다.

───────

◀ 미션 10. 팀플, 전장에 입장하다 ▶

● 팀플(조별활동)에 참여해 보면서 내가 겪은 어려움이나 만났던 빌런들을 떠올려 보고, 어떻게 대처하면 좋을지 적어 보자.

▶ 참고 영상: 구글 독스(문서) 활용법

11장

학점으로 가는
화룡점정, 시험

벼락치기 장인에서
공부 계획 장인으로

시험이 임박하면 초인이 된다

시험 보는 날이 한 손가락으로 들어왔다. 그동안 책상에 앉지 못하고 침대에서 뒹굴던 내 안에 잠들어 있던 '공부의 신'이 서서히 눈을 뜨기 시작한다. 시험 하루 전, 드디어 내 안의 잠재력이란 것이 폭발하였다. 예전에는 상상할 수 없던 공부의 능력이 발휘된다. 갑자기 천재가 된 듯 미친 듯이 집중하기 시작하고 밤을 꼬박 새워 가며 시험장에 가기 직전까지 공부한다. 이런 나 자신이 대견스럽고 기특하다. 벼락치기 공부를 해 보지 않은 사람은 거의 없을 것이다. 우리에게 일상 같은 이 공부 방식. 그렇다면 효과는 어떨까?

벼락치기의 효과와 부작용

벼락치기로 초집중을 하여 효과를 보았다는 경우도 있다. 마감 시간이 임박하면 우리의 몸이 스트레스를 받아 교감신경이 활성화되고 뇌에 전달하는 에너지가 많아진다. 단기적으로 기억력과 주의력을 올려 주는 효과가 있는 것도 사실이다.

그러나 천둥의 신 토르가 되어 '벼락'치고, '망치'고 했다는 경험도 적지 않다. 앞서 4장 중 '효율 업! 예습과 복습 전략'에서 살펴본 '에빙하우스의 망각곡선'을 기억하는가? 공부하고 하루가 지나면 3분의 2는 까먹게 되며, 시험이 끝나고 복습하는 경우도 대개 없으므로 장기적으로 남는 양은 처참한 지경이 된다. 벼락치기에 익숙한 사람이 인생을 좌우하는 큰 시험에서 고배를 마시는 이유가 이 때문이다. 많은 양을 공부해야 하는 주요 시험은 '장기기억'으로 가져가야만 승산이 있다.

벼락치기가 습관이 되면 어떨까? 미국 캘리포니아대와 워싱턴대에 따르면 뇌의 각성 효과를 도와주는 코르티솔이 해마의 신경세포들을 감소시켜 오히려 기억력이 점차 떨어지게 된다고 한다. 평상시에 충분하게 곱씹어 공부하지 않고 시험이란 덩어리를 급하게 한 입에 꿀꺽 삼키려다 보면 몸과 정신에 탈이 날 수밖에 없다. 발등의 불을 끄는 것도 한두 번이지 매번 반복되면 정신과 발등이 타들어가게 된다.

시험공부, 무엇 때문에 하는가?

당신이 시험공부를 하는 이유는 무엇인가? 진리를 추구하기 위해서? 아니면 공부가 넘나 즐거워서? 공부의 운명을 타고난 이런 경우라면 축하한다. 그러나 우리 대다수는 '성적을 받기 위해서' 시험공부를 한다.

일반적으로 궁금해서 하는 공부와 시험공부는 성격이 다르다. 평상시에는 나의 호기심에 따라 공부하고, 해 보고 싶은 분야도 선택하고, 공부 갈아타기도 하는 등 별 제약이 없다. 그러나 시험공부는 '결과'와 연결되어 있고 준비할 수 있는 시간은 제한되어 있다. 주어진 시간 안에 얼마나 좋은 결과를 낼 것인가 하는 '효율성'을 생각하지 않을 수 없다.

내가 정복할 영역 체크하기

시험공부에 앞서서 시험 범위를 파악한다. 시험 전 수업에서 교수님께 관련 질문을 하게 되는데, 이때 최대한 정보를 많이 얻자. 학점의 '목'이 걸려 있는데 질문할까 말까 주저하지 말자. 시험을 잘 보려면 출제자의 의도 파악이 기본이다. 교수님이 강조하신 말씀을 잘 기억하자. 가능하면 다른 친구와도 함께 파악한다. 똑같은 이야기를 들어도 사람마다 이해한 부분이 다를 수 있다. 그런 점에서 한

나는 대학 생활이 처음인데요

교수님께서 분반 수업을 하실 경우, 다른 반에 있는 친구와도 시험 범위를 맞춰 보기를 권한다. 한참 공부의 등반을 하고 있는데 '이 산이 아닌갸벼.' 하는 일이 생기면 난감하다. 내가 정복해야 할 영역을 확실히 확인하자.

이어서 기출문제 스타일을 알아보자. 한 교수님이 시험 문제를 출제하시는 방식은 크게 바뀌지 않는 편이다. 객관식, 주관식, 서술식 등 어떤 유형을 주로 내시는지, 난이도는 어떠한지 등을 파악한다. 혹, 해당 과목을 들은 선배가 있다면 적극적으로 물어보자. 소위 '족보'라고 하는 기출문제 정보를 얻을 수 있다면 천군만마를 얻은 셈이다.

'족보로 공부하는 건 정직하지 않은 것 아닌가?'라고 생각할 수도 있지만, 토익 성적을 잘 맞으려면 가장 좋은 교재도 기출문제이다. 이미 나온 스타일로 공부해야 효율이 좋다. 다만 족보를 너무 맹신하지 말고 시험 유형 파악에 참고만 하고, 나의 시간과 노력을 들여 제대로 공부해야 한다. 우리의 인생을 좌우하는 중요한 시험일수록 결국 단기기억을 넘어 장기기억으로 가져가야 하기 때문이다.

가성비를 높이는 시험 준비 계획

'9일 안에 3과목'을 공부해야 한다. 공부 계획을 어떤 식으로 세우면 좋을까? 별 고민 없이 단순하게 한 과목을 3일씩 공부할 수도 있다. 그런데 초반에 공부한 내용이 다음 주가 되면 얼마나 기억날까? 영단어 교재는 30일치로 된 경우가 많다. 1일에 Day1 단어를, 2일에 Day2 단어를, 이런 식으로 30일 동안 그날에 해당하는 단어를 외우고 나면, 놀랍게도 '누가 내 머릿속의 단어를 다 훔쳐 갔어!' 싶게 바닥난 기억의 잔고를 발견하게 된다. 아쉽게도 우리는 알파고가 아니다. 한 번 봤다고 머릿속에 완벽히 저장되는 일은 매우 드물다. 공부는 기본적으로 '반복'이 수반되어야 장기기억의 세계로 들어가게 된다.

앞서 봤던 망각곡선에서 최적의 공부 타이밍 네 번이 언제였는지 기억나는가? 첫 번째는 공부가 끝나자마자(10분 안), 그다음은 하루가 지났을 때, 일주일 후, 그리고 한 달 후였다. 당신의 공부 계획에 이런 타이밍을 반영하면 기억의 가성비가 눈에 띄게 떡상하기 시작할 것이다.

당신이 시험을 준비하며 A과목을 공부했다고 하자. 일단 끝나자마자 내가 배운 포인트를 자문자답하며 빠르게 짚어 본다. 그리고 다음 날, 또는 그날 저녁에 배운 내용을 다시 한 번 확인한다. 일주일이 지났을 때, 또는 공부한 주의 주말에 배운 내용을 다시 복습한다. 그리고 한 달 후에 복습 시간을 갖는다. 복습은 단순히 교재나 노트를 영혼 없이 읽는 식으로 하지 말고, 주요 내용에 대해 스스로 답해 보거나 또는 간략히 구조화하며 적어 보는 방식으로 해 본다. 헷갈리는 내용은 체크해서 다시 보고, 그다음 복습 타이밍 때는 이 부분을 중심으로 본다.

나는 대학 생활이 처음인데요

앞서 영단어의 경우도 이와 비슷하게 1일치 단어를 외우고, 공부 직후에 곧바로 복습한다. 공부한 다음 날 1일치를 복습하며, 주말에는 새로운 단어를 외우지 말고 주중에 했던 분량(5~6일치 단어)을 복습하는 식으로 공부하면 더 많은 내용 습득에 도움이 된다.

이 방식을 고려하면 공부 계획의 견적이 나온다. 네 번의 황금 타이밍을 누리려면 시험 보기 한 달 전부터 시작해야 한다. 세 번의 타이밍을 잡으려고 해도 최소한 열흘은 잡아야 한다. 중간 · 기말고사는 한 달 전부터 공부에 들어가면 네 번의 황금 타임을 잡아 공부 효율을 높일 수 있으므로 시험 직전에 매우 든든한 기억을 가진 채로 시험을 마주할 수 있다.

만일 평소에 공부 소화가 잘되어 있는 편이라면 2주 정도 집중해서 하면 어느 정도는 기억을 가져갈 수 있다. 이는 중간고사처럼 단기적으로 커버할 수 있는 시험에 해당되는 이야기이며, 공부할 과목이 많아지면 전체 소요 기간이 더 걸릴 수 있다. 공부해야 할 분량이 상당한 큰 시험의 경우, 전체 공부 분량에 따라 몇 개월에서 해 단위로 계획을 세워야 할 수도 있다.

시험공부 계획의 효율을 높이는 요소

시간이 촉박하다면 '큰 점수'를 먼저 잡아야 한다. 한두 문제 나오는 단원에 지나치게 많은 시간을 허비하며 파리 하나 잡고자 열정을 다 태우지 말자. 앞서 4장의 '예습-복습 전략'에서 나온 공부 순서를 참고하여 큰 흐름, 핵심 정보를 먼저 공부하도록 한다. 또 한 과목을 계속 붙잡고 공부하다 보면 집중력도 떨어지고 지루해질 가능성이 있다. 이럴 때는 '프라임 타임'을 고려하여 과목을 바꾸어 가며 공부할 수 있다.

프라임 타임(Prime Time)은 시청률, 청취율이 가장 높은 황금시간대로, 공부에서는 집중력이 가장 높은 시간대로 볼 수 있다. 아침에 기상해서부터 밤에 잠들기 전까지 하루의 집중력 그래프를 그려 보자. 그래프가 높게 올라가는 시간대가 당신의 프라임 타임이다. 이 시간대는 효율이 가장 잘 나는 때이므로 집중해서 공부하는 시간으로 활용한다. 프라임 타임을 고려하여 공부할 과목을 전략적으로 배치할 수 있다. 이때는 급한 일보다 중요한 일을 처리하기를 권장한다. 중요한 공부, 집중을 요하는 과목을 이 시간대에 배치하면 도움이 된다.

'나는 저녁에 집중이 잘된다'고 여기는 학생들이 많은데, 저녁 시간은 생각보다 짧고 이벤트도 많아서 한가하지 않다. 오전 중에도 공부에 집중하는 프라임 타임을 잡기 바란다. 참고로 직장인들의 업무 집중 시간은 오전 10~12시인 경우가 많다.

나는 대학 생활이 처음인데요

시험 기간, 아이돌처럼
관리하라

식사는 데뷔를 앞둔 아이돌처럼

데뷔를 앞두고 아이돌은 으레 식단 관리를 한다. 얼굴의 V라인과 몸매 등 관리된 외모를 보여 주고자 과식 금지는 물론 음식의 양도 철저히 조절한다. 시험 기간에 당신의 식사도 아이돌처럼 조절할 필요가 있다.

가장 큰 이유는 '졸음' 때문이다. 하루 중 특히 졸리는 시기는 식사하고 1시간 정도 지난 후이다. 밥 먹고 나서 듣는 수업에서 눈꺼풀에 지구를 매단 듯 졸아 본 경험이 있을 것이다. 식곤증은 음식물 처리를 위해 소화기관에 혈류가 집중되면서 뇌로 가게 되는 혈액과 산소가 부족해져 발생하는 것이다. 따라서 많이 먹거나 소화가 어려운 기름진 음식을 먹으면 더 졸리게 된다. 시험 기간에 폭식은 공부를 관두겠다는 선언과도 같다.

그렇다고 아예 금식하라는 이야기는 아니다. 공부에 집중하기 위해서는 영양과 체력도 중요하다. 영국 카디프대학 연구팀은 아침밥을 조금이라도 꾸준히 먹으면 오전 시간 뇌 활성화에 도움이 된다고 하였다. 다만 당장 시험이 내일 모레인데 아침을 전혀 안 먹던 사람이 갑자기 먹으면 괜히 탈이 탈 수 있다. 기간적인 여유가 있다면 이런 습관을 가져 볼 수도 있겠다.

무거워지는 눈꺼풀과의 싸움

데뷔를 앞둔 아이돌은 노래와 춤 연습으로 잘 시간조차 없이 사투를 벌인다. 우리에게도 시험 기간은 그와 같은 시간이다. 공부와 싸우려고 앉았는데, 정작 무거워지는 눈꺼풀과 싸우고 앉아 있다. 시험공부 중에 졸음은 어떻게 이겨 내면 좋을까?

몸의 온도가 떨어지면 졸음이 찾아오기 쉽다. 이럴 때는 돌아다니면서 공부하거나 제자리걸음이라도 하면 혈액순환이 되면서 잠이 깬다. 움직이며 하는 공부는 집중력 면에서도 도움이 된다. 움직이기가 어렵다면 자리에 일어나서라도 공부하다 보면 집 나간 정신이 다소 돌아온다.

5장 중 '뇌를 깨우는 집중력 습관'에서 너무 졸릴 때는 '짧은 잠'을 자는 것도 방법이라고 하였다. 나폴레옹은 하루에 네 시간 정도 자기도 했는데 이때는 30분 내외로 짧게 자면서 피로를 풀었다고 한다. 잠이 쏟아질 때 30분 내로 자면 피로가 가시고 정신이 말끔해진다. 시간이 부족한 시험 기간에 활용해 볼 수 있다.

단, 반드시 잠에서 깰 방책을 마련해야 한다. 알람을 여러 개 맞추거나 가족이나 친구의 도움을 받아 반드시 일어나야 한다. 잠자는 숲속의 공주가 되어 눈 떠 보니 시험 날 아침이 되는 일이 있어서는 안 되겠다.

또 한 가지, 나폴레옹 이야기를 한 것은 그가 썼던 짧은 잠 요법을 소개하기 위함이지, 그처럼 하루에 수면 시간을 네 시간으로 줄이라는 의미는 결코 아니다. 수면 시간이 너무 적으면 피로감이 쌓이고 성장호르몬[5]이 줄어들고 우울증이 증가하는 등 몸과 정신이 피폐해질 수 있다. 수면 시간은 자신의 피로가 가시는 선에서 적절하게 유지하는 것이 좋다.

불안한 마음 잡아내기

데뷔를 앞둔 아이돌은 마인드 관리도 중요하다. '나는 부족해, 망

....

5 성장호르몬은 성장기만 해당되는 것이 아니라 성인이 되어서도 필요하다. 성장호르몬 부족 시 노화가 빨라지고 근육과 뼈가 약해질 수 있다.

할 거야.'라고 불안감을 증폭시켜서는 안 된다. 데뷔 무대를 성공적으로 해낼 수 있고 무대를 씹어 먹고 올 수 있다는 마인드를 가져야 한다.

시험을 준비하며 '못 보면 어떻게 하지?', '실수하면 어떻게 하지?'와 같은 불안한 마음이 찾아올 수 있다. 이때는 앞서 '5장'에서 살펴본 집중력 훈련을 해 볼 수 있다. 호흡에 집중하기, 점에 집중하기, 행동에 집중하기 등으로 잡생각에 있던 관점을 자연스레 사라지게 만들자.

여기에 나만의 '자기암시'를 통해 마인드를 탄탄하게 할 수 있다. '나는 집중해서 공부하고 있다.', '나는 점점 더 나아지고 있다.'와 같은 메시지를 반복하며 공부에 몰입하고 성장할 수 있도록 돕는 것이다. 단, 공부의 결과를 너무 중시하여 '나는 올 A+을 맞는다.', '나는 과탑이다.'와 같은 암시를 한다면 열심히 했음에도 그 결과가 나오지 않았을 때 절망이 더 클 수 있다. 따라서 공부에 집중하고 있는 모습, 열심히 하고 있는 모습 등 공부의 '과정'에 암시의 포인트를 두도록 하자.

시험 당일, 놓지 마 정신줄

시험장, 명당이 어디인고?

명당을 차지하려면 시험장에 조금 여유 있게 가야 한다. 20~30분 전에는 입실하기를 권한다. 물론 '나는 주변의 영향을 받지 않는다'면 어디에 앉아도 무방하다. 그러나 '먼저 시험을 본 친구가 내 옆으로 지나가면 더 똥줄이 탄다' 싶다면 명당을 차지하자.

명당은 칠판에 쓴 공지 사항과 앞쪽의 시계가 눈에 잘 들어오는 자리이다. 시험 날에는 손목시계를 차고 가기를 권하지만 혹시나 깜빡했다면 앞쪽의 시계를 통한 시간 확인은 필수이다. 핸드폰에도 시계가 있지만 시험 중에는 켜 둘 수 없다.

사람들의 출입이 거슬린다면 어느 자리를 택해야 좋을까? 시험관이 앞쪽에 주로 있는 경우라면 앞자리는 신경이 쓰이므로 피하는 것이 좋다. 그렇다고 꼭 뒷자리가 좋은 것도 아니다. 시험이 먼저 끝난 학생은 보통 뒤쪽 출입문으로 나가기 때문이다. 따라서 (시험 문제를 다 풀고 먼저 퇴실이 가능한 경우라면) 출입문에서 가까운 쪽은 명당으로 보기는 어렵다. 이제 남은 자리 중에서 당신 마음이 편해지는 자리를 선택하면 되겠다.

시험장에서 자리는 사람의 영향을 많이 받는다. 다리를 떨거나 문제를 풀며 혼잣말을 하는 학생이 근처에 있다면 피하는 것이 상책이다. 반면에 정보가 많고 떠벌리기 좋아하는 친구가 있다면 근처에 앉아서 시험 직전 공부할 때 귀를 열어 둘 수도 있다. 시험이 임박한 상황에서는 자신이 아는 고급 정보를 떠벌리며 공부하기 쉬우므로 옆에서 얻어걸리는 내용도 혹 있을 수 있다.

시험 직전에 해야 할 공부는?

슬렁슬렁 공부하던 사람도 시험장에 가면 갑자기 눈에 불을 켜고 공부한다. 발등의 불이 활활 타는 시점에 이르러서야 비로소 공부의 신이 되는 것이다. 앞서 복습의 네 번의 타이밍에 맞춰서 공부한 사람들은 복습할 때마다 숙지가 안 되는 부분을 형광펜으로 표시하는 방식을 이용할 수 있다. 처음에는 형광펜 밑줄로, 다음 복습에는 형광펜으로 진하게, 다음 복습에는 빨간색 형광펜으로 체크한다.

그럼 시험 직전에 봐야 할 내용은 자연스럽게 빨간색 형광펜으로 표시한 부분이 된다. 가장 악질적인 부분을 시험 직전에 보고 들어간다면, 당신은 시험의 밥 한 공기를 뚝딱 정복했음은 물론, 남은 밥알까지 깔끔하게 처리하는 셈이 될 것이다.

시험지를 받고 먼저 할 일은?

시험지를 받고 1번 문제를 바로 풀고 싶겠지만, 잠깐 30초만 시간을 내자. 시험 직전까지 안 외워져서 되뇌고 있던 내용이 있다면 시험지에 빠르게 적어 두는 것도 괜찮다. 시험지를 보면서 전체 문제의 유형과 문제 수를 파악한다. 객관식, 주관식, 서술식이 각기 얼마나 있는지를 보고 대략적으로만 시간 안배를 한다. 또는 여러 유형의 문제가 있을 시에 객관식만 일단 최대한 빠르게 푼 다음, 남은 문제에 대해 시간 안배를 할 수도 있다.

30문제를 30분 안에 풀어야 한다. 그럼 한 문제를 얼마 안에 풀어야 할까? 30/30이므로 1분? 그러면 막판에 시간이 촉박해진다. 보통 뒤쪽에 시간이 많이 소요되는 서술식 문제가 있다는 점을 생각하면 앞쪽의 문제는 20~30초 정도로 더 빨리 푸는 방식을 고려할 수 있다. 막판에는 문제를 다시 한 번 검토하는 시간도 필요함을 잊지 말자. OMR카드 등을 사용한다면 마킹하는 시간, 혹시나 틀렸을 때 다시 작성하는 부분도 고려하여 검토 시간을 둔다.

문제는 어떻게 풀까?

어떻게 해야 잘 풀까? 시험지를 잘 들여다보고 열심히 풀어야겠다. 너무 당연한 이야기라 미안하지만, 공부하지 않고 시험 시간 동안만 어떻게 잘할 수는 없다. 다만 사소한 실수들을 막을 수는 있다.

시험지를 잘 보면 풀 수 있는 문제인데도 잘 보지 않아서 틀리고 아쉬워하는 경우가 있다. 이를 막으려면, 문제를 보면서 중요한 **핵심 단어**에는 동그라미를 친다. 그리고 '모두 고르시오, 2개 고르시오, 아닌 것은?'과 같은 부분에는 밑줄을 그어, 내용을 알면서도 잘못 선택하는 일이 없도록 한다.

문제가 잘 풀리지 않으면 어떻게 해야 할까? 두세 번 고민할 수 있지만 처음부터 고민할 때는 아니다. 딱 봐서 모르겠으면 V자나 세모 표시 등으로 체크하고 다음 문제로 넘어가라. 아는 문제만 풀고 모르거나 헷갈리는 문제는 일단 패스하라. 안 풀리는 문제를 계속 붙잡고 있다 보면 시간이 지체되어 후반에 문제 풀 시간이 모자라는 경우가 있다. 또한 시험에 대한 자신감이 하락할 수도 있다.

한 실험에서 A팀과 B팀에 똑같은 시험 문제를 주고 문제의 순서만 다르게 하였다. A팀은 앞쪽에 쉬운 문제를, B팀은 앞쪽에 어려운 문제를 배치하였다. 어느 팀 성적이 더 잘 나왔을까? 초반에 문제가 풀리다 보면 '할 만한데?' 하며 페이스를 이끌어 갈 수 있는 반면, 초반에 어렵다고 느끼면 '이것도 저것도 모르겠고, 아, 망했네!' 하면서 자신감이 떨어지게 된다.

나는 대학 생활이 처음인데요

A팀 성적이 더 잘 나왔다는 점을 생각한다면, 초반에 안 풀리는 문제로 시간과 자신감을 깎아 먹지 말고 일단 풀리는 문제 먼저 해결하기를 권한다. 그리고 다시 앞에서부터 보면서 풀리지 않던 문제를 해결하고, 그래도 안 풀리는 문제는 마지막에 처리하면 된다. 시험 중간에 두려운 마음이 든다면 '괜찮아, 벌써 많이 풀었어. 잘하고 있어.' 하면서 스스로 응원해 주도록 한다.

서술식 문제는 개요를 메모한 후 작성한다

장문의 글을 써야 하는데 써지는 대로 쓰면 남는 것은 지우개 똥밖에 없게 된다. 우선 문제를 잘 파악하자. 문제는 하나지만 몇 개의 하위 문제들이 포함된 경우도 있다. 이때는 각 하위 문제에 대해 각각 알맞은 답변을 제시해야 한다.

'정의하라, 기술하라'는 문제라면 용어와 개념을 최대한 교재에 나온 대로 언급하며 내 의견은 제시하지 않는 것이 좋다. '서술하라, 논하라'는 문제라면 내가 배우고 이해한 내용을 적으며 자신의 의견이나 예시도 일부 추가할 수 있다. '평가하라, 증명하라, 해석하라'는 문제는 나의 판단을 적되 객관적인 근거와 함께 적어야 한다. '비교하라, 대비하라'는 문제는 두 요소 간의 공통점과 차이점 위주로 제시한다. '정리하라'는 문제라면 전체적인 구조가 나타나게 제시한다.

긴 글은 바로 쓰지 말고 '개요'를 간략하게 메모해 보자. 앞서 '8장'에서도 리포트를 본격적으로 쓰기 전에 개요를 잡으면 글의 흐름에 맞추어 쓰기 편하다고 하였다. 서론-본론-결론의 흐름을 잡아서 써야 한다면, 결론을 먼저 잡고 본론을 3개 내외로 고민하고 서론을 어떻게 풀지 생각하여, 개요를 단어 중심으로 간략히 적는다. 굳이 3단 구성이 필요하지 않다면, 결론과 그에 해당하는 근거나 예시를 떠올리며 메모해 본다. 짤막한 개요지만, 서술식 문제를 푸는 당신의 지우개 똥뿐 아니라 작성 소요 시간도 줄여 줄 것이다.

끝날 때까지는 끝난 것이 아니다

잘 안 풀리는 문제는 지레 포기하지 말고 할 수 있는 데까지 해 보자. 선다형(객관식) 문제는 바로 답이 나오지 않을 경우, 가장 거리가 먼 보기부터 지워 가는 '소거법'으로 접근한다. 보기 중 헷갈리는 것은 상식과 경험을 동원하여 '우리나라 여름이 이랬는데 사막도 이렇지 않을까?', '교수님이 이걸 더 강조하신 것 같은데?' 하면서 풀어 볼 수 있다. 아주 가끔은 앞뒤에서 나온 문제에서 혹시나 힌트가 있을 수도 있다.

서술식 시험은 특히 잘 모르는 문제라고 지레 포기하지 말자. 교수님에 따라서 뭐라도 열심히 쓴 학생을 어여삐 여겨 주시는 경우도 있기 때문이다. 아무것도 쓰지 않고 최소한의 성의도 보이지 않

나는 대학 생활이 처음인데요

으면 떡 하나 주려고 해도 받을 그릇조차 마련하지 않은 셈이 된다. 정확한 답을 모르겠다면 비슷한 흐름의 내용이라도 다소 적어서 접근해 보도록 하자. 만일 시간이 촉박하다면 핵심적인 요점이라도 적어 보자.

찍기에 확실한 기술은 없지만, '처음 택한 게 정답인 경우'가 많은 듯하다. 누구나 답을 바꾸고 나서 후회한 경험이 많이들 있다. 옛날 굶주린 노새에게 목초와 물 중에 무엇을 먼저 줄까 한참 고민하다가 결국 노새가 굶어 죽었다는 슬픈 이야기가 있다. 시험에서 이 이야기가 재현되지 않도록 하자. 시험 시간에 믿을 것은 오로지 당신의 선택과 감뿐이다.

시험이 끝나고 난 뒤

거사를 치르고 난 당신, 무엇을 하고 싶은가? 종종 답을 확인하고 싶은 마음이 들 때가 있다. 이후에 다음 시험도 있는 상황이라면 굳이 답안 맞추기를 곧바로 하지 않기를 권한다. 답을 확인하는 행위 자체에 시간이 소요되며, 지금 확인하는 것이 꼭 정답이라는 보장도 없기 때문이다.

게다가 슬픈 예감은 틀린 적이 없다고, 시험을 망친 듯한 느낌을 현실로 확인하고 나면 남는 것은 슬픔의 도가니뿐이다. 괜히 다음 시험 준비에 대한 불안감만 높게 된다. 지난 것은 보내 주고 다음 시험 준비에 올인하자.

시험이 모두 끝났다면 개운한 마음과 '공부 좀 할걸'이라는 마음이 동시에 찾아오는데, 대부분 개운함을 즐기며 쉼을 주게 된다. 시험 기간에 다소 벼락치기를 한 내용은 이제 곧 날아가 버릴 텐데, 만약 시험이 끝나고 나서 일주일 내로 복습을 한다면 장기기억으로 레벨업 될 가능성이 높아진다.

필자는 이러한 사실만을 이야기해 드릴 뿐, 시험 후 마음 놓고 며칠 쉴지는 당신의 선택이다. 결과를 떠나 고생한 당신은 쉴 자격도 물론 충분히 있다.

시험 결과가 뜻대로 나오지 않았다고 너무 자학하지는 않기를 바란다. 시험은 노력한 공부를 토대로 나오지만 약간의 운도 있고 상황적인 측면도 있다. 당신은 할 수 있는 노력을 했고 고생했다. 시험 결과는 결과이고, 당신은 당신이다. 아쉽게 학점이 C가 나왔다고 해서 당신의 인생이 C라는 의미는 결코 아니다. 있는 그대로의 당신을 위로하고 받아들이라. 고생했다고 이야기해 주라.

그리고 이제 당신이 할 수 있는 일을 하면 된다. 공부 방법이 문제였는지, 문제 스타일 확인에 착오가 있었는지 등을 파악하며 차근차근 향상시켜 나가면 된다. 의지를 가지고 하나씩 개선해 가다 보면 당신은 중간 · 기말고사뿐만 아니라 인생에서 만나는 자격증, 취업, 승진, 결혼 등 각종 시험에서도 더 나은 성과를 얻어 갈 수 있게 될 것이다.

★ 11장 세 줄 요약 ★

1. 시험공부 계획과 실행은 '효율성'을 우선으로 한다.

2. 시험 기간에는 아이돌처럼 몸과 마음을 관리하자.

3. 시험 당일에는 시간 안배에 따라 아는 것부터 풀고, 끝나면 자신을 위로하고 개선점을 파악하자.

_____

◀ 미션 11. 대학에서의 첫 시험, 어땠는지? ▶

● 대학교에서 치른 첫 시험, 어떠했는가? 내가 잘 준비한 점과 아쉬운 점을 적어 보자.

Part 4

공부 넘어
공부 넘기

아, 공부하기
X나 싫다

넘어져도
괜찮아

마주하게 되는 절망의 순간

대학생인 당신에게 공부의 길이 순탄하기만을 바란다. 정말 간절히 바란다. 그러나 때로는 기대와 달리 절망의 순간이 찾아올 때가 있다. 현실은 생각보다 각박하다. 공부하려고 나름대로 노력하지만 수업은 따라잡기 어렵고 학점도 나를 향해 미소 짓지 않을 때가 있다.

스펙을 쌓기 위해 영끌해서 노오력을 하지만 매일같이 경쟁에 치여 살기가 불안하고 힘들다. 용돈과 학비 걱정 없는 친구들을 보면 상대적 박탈감을 느끼고 돈도 백도 능력도 외모도 그 무엇 하나 타고나지 못했다는 생각에 내 자신이 싫어지고 자괴감에 빠진다. 취업은 하늘의 별 따기라지만 인턴조차 금턴이고, 살아남으려고 발버둥 칠수록 오히려 뒤처지고 절망의 늪에 빠지게 되는 것만 같다. 연애, 결혼, 출산은 고사하고 인간관계와 내 집 마련도 꿈꾸기 어려운 오포 세대가 내 이야기 같다. 그냥 다 포기하고 싶다는 생각도 들고, 삶의 의욕도 사라지니 공부하기 X나 싫다는 마음만 든다.

아프니까 청춘이라지만, 사실 아프면 그냥 환자다. 힘들고 아파 죽겠다. 20대에게 공부에 미치고, 자기 계발에 미치고, 공모전에 미치고, 재테크에 미치라는데, 현실은 그냥 힘들어 미치겠다. 바닥인 줄 알았는데 지하실이 있다. 의욕이 떨어지고 절망감과 우울함에 휩싸여 있는 이때, 어떻게 대처하면 좋을까?

힘들 때 가장 먼저 건네야 할 말

필자도 대학생 때 그런 시간을 길게 경험했다. 돈도 능력도 스펙도 없었다. 그나마 해 보고 싶었던 성우, 연극에 대한 도전도 처참히 실패했다. 나의 멘탈과 외모와 모든 것이 마음에 들지 않았다. 하루에 17시간씩 게임을 하며 현실을 도피하고자 했다. 그러다가 한 번은 뜻하지 않은 강연회에서 '당신 자신을 얼마나 보듬고 사랑했는가?'라는 이야기를 듣고, 그동안 나 자신을 학대해 왔다는 생각에 눈물을 쏟았다.

당신을 괴롭게 하는 사람은 누구인가? 못되게 굴거나 함부로 대하는 어떤 인간이 있을 수 있지만, 나를 가장 힘들게 하는 건 바로 '나 자신'이다. 주변에서 받는 비난은 잠시만 있을 뿐이지만 스스로에게 받는 비난은 24시간 온종일 지속된다.

내가 형편없어 보이고 힘들 때 우리가 먼저 해야 할 일은 나 자신과의 화해가 아닐까. 결과가 뜻대로 나오지 않았지만 그래도 나름대로 노력한 스스로에게 '괜찮아, 수고했어.'라고 말해 보자. 마음 고생해 온 자신에게 '그동안 많이 힘들었지?'라고 위로해 주며 머리를 쓰다듬어 주자. 어떻게든 해 보고자 발버둥 친 자신에게 '열심히 살아 줘서 고마워.'라고 말해 주자.

세상과 화해하려면 나 자신과 먼저 화해해야 한다. 세상을 보듬으려면 나 자신을 먼저 보듬고 안아 줄 수 있어야 한다. 세상 사람들과 행복하려면 나 자신이 먼저 행복할 수 있어야 한다.

당신에게 실패의 의미는?

한 꼬마가 게임을 하던 중에 'Fail'이 떴다.

아버지가 묻는다.

"너, Fail이 무슨 의미인지 아니?"

"네, 알아요. 실패라는 의미잖아요."

"그럼 실패가 무슨 뜻인지 아니?"

"그럼요. 다시 하라는 거잖아요."

나는 대학 생활이 처음인데요

당신에게 실패는 어떤 의미인가? 혹시 완전히 망했고 다시는 일어설 수 없고 인생이 끝장났다는 의미로 받아들이고 있지는 않은가? 원하는 학점 획득에 실패했다고, 이번에 시험과 면접에 떨어졌다고, 마음에 드는 상대에게 거절당했다고 해서 당신의 인생이 끝난 것은 결코 아니다. 이 꼬마의 말처럼 실패는 '그냥 다시 하라'는 의미일 뿐이다.

실패를 왜곡해서 크게 받아들이지 말자. 다시 하면 된다. 빗발치는 총알을 피해 압록강을 건너고, 중국에서 갖은 사기를 당하고 고생하던 한 탈북자는 '목숨이 붙어 있는 한 희망은 있는 것 아닙네까?'라고 하였다. 도전의 기회와 희망은 당신 편이다.

위대한 발명가인 '토마스 에디슨'은 '나는 99번 실패한 것이 아니라 결과물을 만들어 내지 못하는 99개의 방법을 알게 된 것이다.'라고 하였다. 뮤지컬 스타 '마이클 리'는 '성공의 횟수는 실패 후 다시 도전한 횟수에 비례한다.'고 하였다. 세계적인 미디어기업 포브스의 CEO였던 '말콤 포브스'는 '실패도 배우는 게 있으면 성공이다.'라고 하였다.

당신에게 실패의 의미는 무엇인가? 내 나름대로 재정의해 보자. 유명한 사람의 의미를 가져다 써도 좋고, 아니면 게임하던 꼬마의 의미로 재정의해도 좋다. 실패를 어떻게 받아들이느냐에 따라 당신이 있는 곳은 절망의 자리가 될 수도 있고, 재도전을 위한 희망의 자리가 될 수도 있다.

불공평한 세상? 그래서 어쩔티비?

"나는 남들보다 조건이 형편없다. 흙수저에 머리도 안 좋고 얼굴에는 질서도 없고 제대로 가지고 태어난 능력도 없다."

나의 조건이 불만족스러운가? 세상이 불공평해 보이는가? 마이크로소프트의 창립자인 '빌 게이츠'는 이렇게 말한다.

"인생은 불공평하다. 받아들여라."

흙수저 가슴에 대못을 박는 야박한 팩트 폭행이다. 그런데 이 이야기를 듣고 나서의 반응은 둘로 나뉠 수 있다. '그래, 인생은 불공평해. 흙수저, 아니 퍼 먹을 수저도 없는 내가 할 수 있는 건 없어.' 하며 절망으로 일상을 채우는 사람이 있다. 반면에, '그래, 인생은 불공평해. 그렇다면 내가 현실적으로 할 수 있는 것은 무엇일까?' 하면서 인생의 개선을 시작하는 사람도 있다. 때로는 '내가 돈이 없지, 가오가 없냐?'는 마음으로 현실에 맞서며 도전할 수도 있다. 내가 할 수 있는 작은 일부터 찾아서 하면 당신의 삶은 바닥을 박차고 점점 오르기 시작할 것이다.

오프라 윈프리의 인생을 바꾼 습관

흙수저로 따지면 오프라 윈프리만 한 사람이 없다. 빈민가에서 살았고 9살 때 사촌오빠에게 성폭행을 당했다. 14살에 임신했으나 아이는 태어난 지 2주 만에 사망했다. 자살 생각과 마약, 담배 속에 찌들어 살았던 그녀가 어떻게 미국인들이 가장 좋아하는 방송인이자 500대 부자, 가장 존경받는 여성에 선정되기까지 했을까?

오프라 윈프리는 자신의 삶을 바꾼 비결이 두 가지라고 말한다. 그것은 '독서'와 '감사 일기'이다. 독서를 통해 지혜와 삶을 배웠고, 감사 일기를 통해 내면을 바꿀 수 있었다. 미국 긍정심리학 센터에 따르면 1주일간 감사 일기를 썼더니 우울증이 3달 가까이 줄어들고, 행복감은 6달 가까이 증가하였다고 한다. 고작 1주일간 작성했는데도 말이다.

내면에 부정적인 생각이 많다면 '감사 일기' 쓰기를 추천한다. 방법은 간단하다. 매일 감사한 일을 3가지 적고 그 이유를 쓰면 된다. 안 좋은 일만 있던 날에는 '그럼에도 불구하고' 감사한 일을 찾아라. 예컨대 '경기는 졌지만 치맥을 먹으며 즐거운 시간을 보내서 감사하다', '사고가 났지만 크게 부상을 입지 않아 감사하다', '시험 결과가 잘 나오지는 않았지만 스스로를 돌아보며 반성할 수 있어서 감사하다'처럼 말이다.

앞서 현실적인 사고방식과 함께 긍정의 마인드를 가진다면, 단언컨대 당신의 수저 색은 업데이트되기 시작할 것이다.

날개를 달아 주는 '자유인' 동기부여

축 처져 있는 당신의 마음에 의지와 동기를 불어넣어 힘차게 비상할 수 있고 자유를 누리게 해 주는 동기부여 방법을 소개하고자 한다. 일명 '자.유.인' 동기부여법이라고 이름을 붙여 보았다. 자율성, 유능감, 인간관계를 통해서 의지를 갖게 해 주는 방법이다. 이 세 가지는 데시와 라이언의 '자기결정성 이론'을 참고하였다.

유능감: 야, 너두 할 수 있어!

① 성취감 채우기

나에게 능력이 있고 할 수 있다는 느낌이 유능감이다. 유능감이 있으면 의욕과 자신감을 가지고 일을 할 수 있다. 심리학자인 '윌리엄 제임스'는 자존감이 '성취/욕심'이라고 하였다. 즉, 욕심을 줄이거나 성취를 늘리면 자신이 괜찮아 보이고 마음에 들기 시작한다.

유능감은 성취와 관련성이 높다. 다음 중 언제 더 성취감을 크게 느낄까? 밸런스게임에 답해 보자.

왕이 되는 성취감 한 번 느끼기

VS

책상 치우는 성취감 매일 느끼기

당연히 왕이 되는 것이 책상 치우기에 비할 수 없이 큰 성취감을 줄 것이다.

그런데 왕위에 즉위하는 기쁨은 살면서 몇 번이나 느낄 수 있을까? 꿈에서나 한 번 느낄까 모르겠다. 혹은 게임에서는 종종 느낄 수 있는데, 이 때문에 게임에서 레벨업과 성취감에 빠져서 헤어 나오기 어렵기도 하다. 책상 치우기는 왕이 되기에 비해서는 작은 성취감을 주지만, 대신 매일매일 느낄 수 있다.

당신의 유능감이 떨어져 있는 상태에서 곧바로 빛나는 학점, 국가고시/자격증 합격, 취업 성공, 토익 900점 같은 큰 성취를 이루기는 어렵다. 이런 성취는 살면서 많이 맛볼 수도 없다. 그러나 오늘 분량의 공부는 해치울 수 있고, 시험을 위해 연습 문제를 풀 수 있으며, 취업을 위해 모의 면접훈련을 할 수 있고, 토익 영단어 20

개를 외우는 것은 가능하다. 작고 사소한 일도 분명 성취감을 준다.

공부든 일이든 작은 성취감을 느낄 수 있게 하루 분량으로 나누어서 해 보자. '일어나서 맨손체조 3분하기', '아침 8시에 일어나서 책상에 앉기'도 좋고 '모의고사 1회 풀기'도 좋다. 일상에서 할 수 있는 작은 성취감이 쌓이면 어느새 당신은 유능감으로 채워지게 되고 더 큰 일에도 기꺼이 도전할 수 있게 된다.

② 멘탈로 이루는 성취

내가 공부와 일을 직접 해내야 성취감을 느낄 텐데, 만약 정신만으로 성취를 해낼 수 있다면 어떨까? 편하기도 하고 직접 성취보다 몇 배, 아니 수십 배 많이 성취할 수도 있을 것이다.

심리학자인 '지그문트 프로이트'는 3,000번 이상 세뇌하면 의식화한 것이 실현된다고 주장하였다. '할 수 있다'고 되뇌다 보면 정말 할 수 있는 믿음과 힘이 생긴다는 것이다.

이러한 자기암시 훈련은 앞서 5장 집중력과 9장 발표력 편에서도 다루었다. 내가 이루고 싶고 되고 싶은 모습을 적은 다음에 '이미 이런 사람이 된 척'하며 읽는 방법이다. 스스로 동기를 높이는 데 효과가 탁월하다.

박지성 선수는 경기에 나가기 전에 '이 경기장에서는 내가 최고다'라는 암시를 통해 자신감을 얻었다고 인터뷰에서 밝혔으며, 피겨 여왕 김연아 선수는 '나는 침착하게 잘한다'고 암시훈련을 하였다고 한다. 펜싱의 박상영은 리우올림픽에서 상대에서 넉 점을 뒤진 상

태에서 '할 수 있다'를 되뇌며, 결국 대역전극을 이루고 금메달을 획득하였다.

에밀 쿠에가 만든 '나는 날마다 모든 면에서 점점 더 좋아지고 있다'는 암시문도 많은 사람들이 활용하여 효과를 보고 있다. 필자의 경우도 '나는 사람들에게 재미와 의미를 전해 주는 강사이다'라는 암시를 10년 넘게 한 덕에 이제는 자신감과 활력을 수시로 빠르게 완충하고 있다.

당신의 멘탈을 이런 확신의 에너지로 채운다면 일상에서 유능감을 느낄 수 있는 부스터가 되며, 실제로 그 일을 할 때는 이미 수십 번 연습한 것 같은 자신감을 느낄 수 있을 것이다.

자율성 : 내 인생은 내가 택한다

① 스스로 결정하기

오랜만에 방청소를 하려고 마음먹었다. 구석구석 깨끗하게 치우며 마음도 새롭게 할 예정이다. 청소를 시작하려던 찰나, 부모님이 방에 들어오시며 말씀하신다.

"이게 사람 방이니, 돼지우리니? 방 좀 치우고 살자!"

순간 신기하게도 청소하고 싶은 마음이 싹 사라진다. 무슨 청개구리 심보인지 누군가 억지로 하라고 하면 더 하기 싫어진다. '자율성'을 발휘하여 나 자신이 결정하고 선택할 수 있다면 동기는 높아진다.

'부모님이 원해서', '주변에서 이게 좋다고 해서' 마냥 따라가지는 말자. 당신의 인생이다. 스스로 결정하고 최선을 다해 쏟아부어 보자. 누가 억지로 시켜서 하기 전에 스스로 계획을 세우고 하루를 디자인하면 하고 싶은 욕구가 꿈틀거림이 느껴질 것이다. 하루를 세밀하게 디자인하는 계획법은 3장 '인싸 대딩의 시간 관리'를 참고하도록 한다.

② 보상과 처벌

공부의 의욕이 바닥인 상태라면, 저 멀리 달성해야 할 시험이나 취업 같은 목표를 바라보기조차 벅찰 수 있다. 이때는 단기적으로 '보상'과 '처벌'을 스스로 설정해서 활용할 수 있다.

나는 대학 생활이 처음인데요

하루나 한 주 등 비교적 짧은 기간에 해야 할 공부 분량을 정하고 이를 달성했을 때 '보상'을 줄 수 있다. 시험 기간에 '일주일 빡세게 하고 여행 가자'처럼 마음먹는 것도 이에 해당된다. 장학금을 두고 열의를 불태워 본다든지, 또는 돈이 큰 동기가 된다면 부모님과 협상하여 공부 목적 달성 시 용돈 보너스를 약속받을 수도 있다. 오늘 해야 할 공부를 끝내고 맥주 한 잔을 즐기거나, 보고 싶었던 유튜브나 넷플릭스 등을 보상으로 허락해 줄 수도 있다. 생각만 해도 무장해제하게 되는 음식을 그날 공부의 보상으로 설정할 수도 있다.

원하고 바라는 것이 없다면 처벌도 가능하다. 마음이 느슨한 자신을 채찍질하기 위한 전략이다. 물질적 처벌로 공부하지 않았을 경우에 가족이나 친구에게 자신이 아끼는 옷이나 물건을 준다고 공약을 걸 수 있다. 또는 일정 금액을 벌금으로 내거나 기부할 수도 있다. 스터디를 함께하는 경우에도 보증금을 걸어 놓고 하면 지각하거나 공부를 안 했을 때 '피 같은 내 돈'이 빠져나가는 게 아까워서라도 조금 더 공부하게 된다.

정신적으로 처벌을 줄 수도 있다. 지금 공부하지 않으면 주말에 나의 취미 시간이 줄어든다는 생각을 하거나, 공부하지 않았을 때 생기는 부모님의 등짝 스매싱과 취준의 고통을 떠올리며 정신을 차릴 수 있다.

③ 더 강한 자율적 동기를 찾아서

듀크대의 댄 애리얼리 교수팀은 인도에서 세 그룹을 대상으로 실험을 하였다. 목표를 달성할 경우 A그룹에는 하루치 급여에 해당하는 4루피를, B그룹에는 2주치 급여인 40루피를, C그룹에는 5개월치 월급인 400루피를 주기로 하였다. 결과는 어땠을까? 가장 많은 돈을 받기로 한 C그룹이 오히려 최악의 성과를 기록했다. 뉴욕에서도 교사 1인당 3,000달러의 인센티브를 걸고 학생 출석률과 졸업률 목표를 달성하라고 하였지만 오히려 학생의 성취도가 떨어지는 역효과가 났다.

물질적인 보상이 늘 효과적이지는 않다. 단순한 업무에는 통할지 모르지만 복잡하고 창의적이며 고민해야 하는 공부나 일에는 동기를 주지 못할 수 있다.

데시와 라이언에 따르면 동기에는 아예 의욕이 1도 없는 무동기 상태가 있고, 어떤 목적에 대한 수단으로 공부를 하는 외재적 동기, 공부 자체에 목적이 있는 내재적 동기가 있다. 외재적 동기의 수준은 다양하게 나눠질 수 있다. 당신의 최근 동기는 어디 즈음에 위치하는지 짚어 보자.

다양한 동기의 상태(자기결정성 이론) :

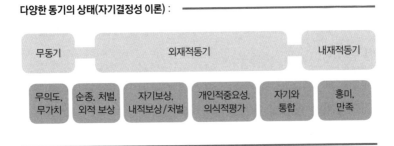

나는 대학 생활이 처음인데요

만약 의지가 1도 없는 무동기 상태라면 단기적으로 외적인 보상이나 처벌을 사용할 수 있다. 조금 더 나아가서 스스로에게 보상과 처벌을 줄 수도 있다. 보상과 처벌에만 머물러 있지는 말자. '이 공부가 나에게 어떤 의미가 있지? 취업에도 중요하고 먹고살기 위해서 필요하고⋯⋯.'와 같은 의미를 찾으면 전보다 더 강한 동기를 갖게 된다.

더 나아가서 공부 자체에서 흥미와 재미, 호기심을 충족시키는 내재적 동기에 이른다면, 시간 가는 줄 모르는 공부를 할 수 있을 것이다. 공부 자체가 넘나 즐겁고 행복한 상태까지는 쉽지 않더라도 공부하는 의미를 발견하는 것으로도 꽤나 강력한 동기를 얻을 수 있다. 나의 현재 상태를 확인하고 한 단계씩 동기를 업그레이드해보자.

인간관계: 너, 내 동료가 되라!

'혼자 가면 빨리 가고 함께하면 멀리 간다'는 말이 있다. 허세가 득한 허황된 소리 같지만, 긴 여행을 하는 기러기 떼를 보면 맞는 이야기이다. 이들은 V자 대형으로 날아가는데, 앞 기러기의 날갯짓이 기류에 양력을 만들어 혼자 날 때보다 떼로 날 때 71% 정도 쉽게 날 수 있게 된다. 결국 그들은 4만여 km의 긴 여행을 함께 해낸다. 참고로 지구의 둘레가 4만여 km이다.

혼자 조깅을 하면 중간에 쉬고 싶고 포기하고 싶을 때가 많다. 이때 같이 뛰는 '러닝 메이트(running mate)'가 있으면 함께 경쟁도 하고 격려도 하면서 더 오래 뛸 수 있다. 혼자 공부하다 보면 의지가 금세 꺾이고 각종 유혹에도 훅훅 넘어가기 쉽다. 이때 '러닝 메이트(learning mate)'가 있다면 어떨까?

함께 공부하는 친구, 스터디 그룹이 있으면 일단 공부도 약속이 되기 때문에 참여하게 된다. 내 분량을 하지 않으면 다른 사람들에게 피해를 주기 때문에라도 준비하게 된다. 때로 힘들거나 의지가 떨어질 때, 서로 응원하고 격려하며 힘을 얻을 수도 있다.

심리학자 시드니 주러드는 행복의 85% 이상은 인간관계의 질에 의해 결정된다고 하였고, 사람의 성공을 25년간 연구한 하버드대의 데이비드 맥클란 박사는 성공의 99%는 어떤 사람과 어울리느냐에 따라 좌우된다고 하였다. 사람은 주변의 영향을 많이 받는다. 긍정의 힘이든 부정의 힘이든 쉽게 전염된다. 당신이 열정적인 사람과 함께한다면 열정을 배우게 될 것이고, 유머러스한 사람과 같이하면 어느새 빵 터지는 유머를 구사하게 된다. 공부의 기운을 받고 싶다면 열공 하는 친구를 가까이하면 된다. 특정 분야를 알아 가고 싶다면 그 분야의 동아리 사람들과 친해지면 된다.

세르게이 브린은 대학에서 래리 페이지를 만났다. 두 사람은 처음엔 사이가 좋지는 않았지만 점차 친해졌고, 결국 의기투합하여 차고에서 세계적인 회사인 '구글'을 창립하였다. 메시징 앱인 '스냅챗'을 만든 에반 스피겔과 보비 머피, 레기 브라운도 대학교에서 만

나는 대학 생활이 처음인데요

난 사이다.

대학 생활을 하는 당신은 혼자다 아니다. 공부와 대학 생활에 대해 같은 고민을 하고, 같은 경험을 하는 동료들이 있다. 당신이 말 건네기 주저하고 있을 때, 상대방도 간절히 친해지고 싶지만 차마 입을 열지 못하고 있는 상태일 수 있다. '너, 내 동료가 되라'는 용기를 내고 먼저 다가가 보자. 함께 배움의 동기를 높여 가고 힘을 주고받을 수 있는 '인생의 동료'를 얻게 될 것이다.

★ 12장 세 줄 요약 ★

1. 나 자신과 먼저 화해하고, 작은 성취로 유능감을 키우자.

2. 동기는 '보상과 처벌 – 중요성 발견 – 흥미'에 따라 높여 갈 수 있다.

3. 스터디도 대학 생활도 '너, 내 동료가 되라' 마인드로 다가가면 더 성장한다.

———

◀ 미션 12. 동기 파워 업 ▶

● 유능감, 자율성, 인간관계를 통해 동기를 높일 수 있다. 세 가지에 대하여 내가 도전해 볼 구체적인 행동을 적어 보자.

13장

사람과 인간 사이,
관계의 공부

혼자는 외롭고
함께는 괴롭다

"아는 사람이 많아서 저보고 인싸라고는 하는데, 막상 마음을 나
눌 수 있는 친구가 있나 싶어요. 여러 관계를 유지하려니 제 영혼과
시간을 갈아넣게 돼요."

"어차피 혼자 왔다 혼자 가는 인생, 공부에 집중하기 위해 친구
안 만들어요. 그런데 때로 쓸쓸해서 술이나 마실까 하는데, 같이 술
마실 사람 하나 없어 더 외로워요."

당신은 좋은 사람 덕분에 삶이 즐거울 수도 있고, 속을 뒤집어 놓
는 인간들 때문에 괴로울 수도 있다. 사람 공부만큼 어려운 게 없
다. 관계를 맺자니 스트레스 받아 죽겠고, 혼자 살자니 외로워서 죽
겠다. 대체 대학에서의 관계는 어떻게 해야하는 걸까?

나는 대학 생활이 처음인데요

대학생 때 관계는 왜 고등학교 때보다 어려울까?

　잡코리아와 알바몬의 조사에 따르면 대학생의 88.3%가 인간관계에 서툴다고 느낀 적이 있고, 대학생의 절반이 '나홀로족'이라고 응답했다고 한다. 고등학교 때는 친구들이 그렇게 편했는데 대학에 오니 친구 사귀기가 왜 이리 어려운 일이 됐는지 모르겠다.

　우선 고등학교 때는 자는 시간을 제외하고는 친구들과 늘 같이 있었다. 가족보다 더 많은 시간을 함께 보내며 강제적으로 붙어 있다 보니 친해지기 쉬운 조건이다. 그러나 대학에서는 각자 수업과 스케줄이 달라서 어울릴 시간이 부족하다. 강의가 끝나면 학생들은 3분 안에 증발하고 강의실은 깔끔하게 비워진다. 대학생은 학교 외에도 아르바이트나 각종 활동을 자유롭게 하다보니 같은 과의 친구라도 생활 패턴이 다르면 친해지기 쉽지 않을 수도 있다.

아싸로 살까, 인싸로 살까?

　당신은 많은 친구를 사귀고 싶은가, 아니면 굳이 관계 때문에 피곤하고 싶지 않은가?

　많은 친구를 두루 사귀는 인싸처럼 지내고 싶을 수도 있다. 교문부터 강의실까지 열 걸음에 한 명 꼴로 나를 반겨주는 친구를 만나고, 카톡 알림 숫자는 0에 도달하지 못한다. 술자리와 여행 등으로 일정이 빼곡하여 외로울 틈이 없다.

반대로 굳이 관계에 에너지와 돈을 쓰고 싶지 않을 수도 있다. 내가 믿는 것은 세상에 믿을 인간은 없다는 사실 뿐이다. 새로운 사람 만나서 머쓱함과 뻘쭘함으로 고통받고 싶지도 않다. 차라리 혼자 시간을 보내는 것이 마음 편하다.

어느 방식이 더 바람직해 보이는가? 정답은 없다. 아무도 없는 집에 도착했을 때 외로움을 느끼는 (MBTI의) 외향적인 성향(E)인지, 아니면 집에 혼자 있을 때 편안함을 느끼는 내향적인 성향(I)인지 처럼 기질과 삶의 방식이 다른 것일 뿐이다. 다만, 내가 너무 한쪽으로 치우쳐 있다면, 놓칠 수도 있는 '반대 측면'도 어느 정도 살펴보면서 내 삶의 행복을 충실하게 챙길 수 있는 관계의 균형을 고려할 필요도 있다.

'인싸족' 추종자들의 의견

혼자서 놀이공원에 갈 수 있는가? 음식점에서 삼겹살을 혼자 구워 먹을 수 있는가? 꿈에 그리던 여행지를 혼자 간다면 누구와 그 즐거움을 나눌 수 있을까? 나홀로 인생의 꿀잼 순간을 누리기는 어렵다.

인싸족은 새롭고 다양한 사람을 만나는 것이 즐겁다. 인맥을 넓혀 놓으면 다 도움이 된다고 생각하여 많은 사람들과 좋은 관계를 유지하고자 한다. 함께 하는 술자리, 액티비티도 사랑한다. 인싸족

나는 대학 생활이 처음인데요

이 하는 이야기를 들어보자.

"되게 친하지는 않아도 만나면 유익하고 도움되는 친구도 있다."

"양 중의 질이라고, 사람을 다양하게 만나야 친한 친구도 사귄다."

"대학 때 사람 너무 가리지 말고 다양하게 만나야 사람 필터링 능력도 생긴다."

'인싸족'이 주의해야 할 점

인싸족의 이야기는 타당해 보이지만, 너무 많은 관계가 때로 삶을 피폐하게 만들 수도 있다. 관계는 식물과 같아서 관심과 시간을 투자하지 않으면 시들기 마련이다. 많은 관계 유지를 위하여 내 시간을 약속으로 갈아넣고 있다면, 내 인생을 위하여 대학생 때 해야하는 일들을 놓칠 수도 있다. 인싸족은 모든 사람과 다 좋은 관계를 맺고 모두에게 좋은 사람이 되고 싶어하나, 나와 맞지 않는 사람도 당연히 있으며 모두를 만족시키는 것은 불가능하다. 사람이 쏟을 수 있는 시간과 노력은 무제한이 아니기 때문에 뜻대로 되지 않는 관계로 인하여 현타가 오고 회의감이 들 수도 있다.

인싸족에게 묻고 싶다. 아는 친구가 많은데, 그중 정말 마음을 나눌 수 있는 친구가 있는가? 겉으로는 친한 것 같지만 막상 속 이야기를 진솔하게 나누기 어려운 경우도 있다. 가식의 가면을 쓰고 좋은 모습만 보이려 노력하는 관계는 결국 오래가기도 어렵다. 마음

나눌 수 있는 친구 한두 명만 있어도 관계에서 성공했다고 볼 수도 있다.

사람과의 관계를 지나치게 중요시하는 사람 중에는 타인에 의해 삶이 끌려다니기는 경우도 있다. 남과 친해지기 위해서 양보도 필요하지만, 무조건 나를 포기하는 것도 건강한 관계는 아니다. 때로 나에게 우선순위를 두고 나를 존중할 줄도 알아야 한다. 내가 스스로 안정되지 못한 부분을 타인으로만 채우려하다 보면, 스치는 한마디에도 소행성 충돌처럼 상처받기 쉽다. 작가 무라카미 하루키의 말을 기억해 보자.

"인생의 목적은 사랑받는 사람이 되는 것이 아니라 자기 자신이 되는 거란다. 너에게는 너만이 완성할 수 있는 삶의 목적이 있고, 그것은 네 사랑으로 채워야 할 것이지 누군가의 사랑으로 채워질 수 있는 것이 아니야."

'나홀로족' 추종자들의 의견

잡코리아와 알바몬의 조사에 따르면 대학생들이 혼자이기를 바랬던 순간 1위는 '사람들 감정이나 기분 맞춰주는 것이 피곤하게 느껴질 때'로 나타났다. 그 밖에 나 자신에게 집중하지 못할 때, 나만 혼자 열심히 해서 손해라고 느껴질 때, 선물과 회비 등 지출이 늘어날 때도 나홀로족이 되고 싶은 순간이었다.

나는 대학 생활이 처음인데요

혼밥, 혼술, 혼행이 일상다반사가 된 요즘, 나홀로족의 세력이 강력해지고 있다. 어차피 대학과 사회에서 친구라고 해봐야 만나면 쓸데없는 이야기만 하고 돈, 체력, 시간을 낭비하는 것 같다. 사람에게 공 들여봐야 머리 검은 짐승은 거두는 것이 아니라는 말처럼 쉽게 떠나가고 뒷통수를 친다. 사람 때문에 스트레스 받으니 차라리 자기계발하고 내 스펙 챙겨서 성공하는 게 더 중요하다 싶다. 나홀로족이 하는 이야기를 들어보자.

"졸업하고 취업하면 대학 친구도 1년에 2-3번이나 보나? 친구 사귀는데 시간 갈아넣지 말고 자기 스펙과 능력을 키우자."

"모든 사람에게 에너지 사용하지 말고 가까운 사람이나 잘 챙기자. 남는 사람 남고 떠날 사람 떠난다."

"결국 자신부터 잘 챙기고 이해해야 한다. 관계를 통해 나를 채우려 말자."

'나홀로족'이 주의해야 할 점

사람이 죽기 전에 가장 후회하는 일이 무엇일까? 영국 가디언지가 조사한 바에 따르면 후회되는 Best 5 중에 '옛 친구들과 연락을 끊은 것'이 포함되어 있었다. 나홀로족을 결국 무너뜨리는 것은 아이러니하게도 외로움이다. 그나마 편하게 친구를 사귈 수 있는 대학시기를 지나면 직장생활 하면서 사람 사귀기는 상대적으로 더 어려워지고, 고독의 수렁은 더 깊어진다. 오죽하면 영국정부에는 '외로움부 장관(Minister for Loneliness)'이 있고 일본에는 '고독·고립 담당 장관'이 임명되었을까. 사회적인 동물인 인간에게는 결국 같이 울고 웃고 공감을 나눌 존재가 필요하다.

　나홀로족이 놓치는 또 한 가지는 나 혼자만 잘한다고 성공이 보장되지 않는다는 사실이다. 카네기 공과대학의 연구에 따르면 기술적인 지식이 성공에 기여하는 바는 15%에 불과하고, 성공의 85%는 인간관계 기술에 달려있는 것으로 나타났다. 넓은 관계 덕분에 취업이나 승진, 비즈니스에 도움을 얻는 경우가 주변에 허다하다. 뿐만 아니라 사람들과 교류하지 않으면 나의 안목은 경주마처럼 좁아지고 사고의 범위도 우물 안을 벗어나지 못하기 십상이다. 타인은 나와 달라서 불편하게 느낄 수도 있으나, 오히려 나와 다르기 때문에 다른 사고방식을 배우며 나라는 틀을 깨게 해주는 참스승이 될 수 있다.

아싸족과 나홀로족 모두 까면 대체 어쩔티비?

　인생은 답이 없고 관계는 특히 그러하다. 그래서 딱 떨어지는 바지핏처럼 명확한 솔루션을 드리지 못해 송구하다. 군이 종합적으로 정리해보자면 다음과 같다.

　인싸족은 겉으로만 친한 관계보다 깊이있는 관계도 챙겨가고, 삶의 행복을 타인으로부터만 채우려 하지 않도록 주의해야 한다. 나 홀로족은 관계의 갈증이 느껴지고 고민이 깊어지는 시기가 올 수 있다는 점을 기억하며 대비할 필요가 있다.

사람을 만나야 에너지를 얻는 MBTI의 극E라면 적절히 넓은 관계가 활력에 도움이 되고, 반대로 극I라면 자신이 허용 가능한 만큼의 관계를 유지하는 것이 좋다. 성향이 어떻든 정말 싫은 모임과 사람을 위해 나를 매번 소진할 필요는 없으며, 서로를 존중해 주고 마음을 나눌 수 있는 사람들의 관계를 소중히 여기고 잘 키워가기를 권장한다.

상대의 마음을 읽는 관심법으로 관계를 떡 주무르듯 할 수 있는 사람은 없다. 시행착오를 겪으며 나에게 적절한 관계의 수준을 배우게 되므로 대학생 때 단순히 귀찮다고 지레 포기하지 말고, 내게 '핏'한 관계의 정도를 확인해보기를 바란다.

다가감의
기술

누구와 친해질까?

나와 비슷한 성향의 사람은 마음이 쉽게 맞아 만나자마자 '절친각'
이다. 대화와 관심사도 잘 통하는 편이다. 그렇다면 반대의 성향은
어떨까? '저 인간의 뇌 구조는 대체 어떨까?' 싶은 사람은 오히려 다
르기 때문에 함께 하면 안목을 넓힐 수 있다. 내가 없는 부분을 갖
추었기 때문에 오히려 매력을 느낄 수도 있고 도움을 주고받을 수
있다.

뇌섹남이자 인성도 역대급이셨던 공자님께서는 이로운 친구 Best
3로 정직하고 성실하고 박학다식한 사람을 추천하셨다. 반대로 해
로운 친구 Best 3는 너무 한쪽으로 치우치고 아첨하고 굽실굽실하

나는 대학 생활이 처음인데요

며 말로만 때우려는 사람이다. 좋은 사람을 곁에 두면 당연히 그 존재의 영향력에 스며들게 될 것이다.

그렇다고 '내게 도움이 될 인간'만 봇처럼 계산적으로 찾아 만나지는 말자. 이익만 따지며 만나다보면 마음 터놓는 친구를 만나기 어려울 수 있다. 만나서 편하고 이야기가 잘 통한다면 그만한 친구가 또 없다.

어디에서 친해질까?

가장 접근하기 좋은 대상은 같은 학과의 동기와 선·후배이다. 같이 듣는 수업도 있고 전공에 대한 관심도 비슷하니 친해지기 쉬운 환경이다.

개인적으로 약속을 잡아서 친해질 수 있고, 전공수업, 학과 모임 등에서 여러 명을 함께 만나 관계를 쌓을 수도 있다. 당장이야 몇 살 선배가 화석처럼 보이고 후배가 신생아로 보일 수 있지만, 졸업하고 사회인이 되면 그냥 다 친구가 된다. 몇 살 차이로 괜히 마음의 벽을 칠 필요가 전혀없다.

동아리나 학회의 경우, 기본적으로 관심사가 같은 사람들이 모이므로 역시 쉽게 친해질 수 있다. 학업적, 또는 정서적인 부분을 공유할 수 있는 관계를 맺을 수 있다. 때로 학과보다 동아리 사람들과 더 끈끈해지는 케이스도 적지 않다.

앞의 두 환경이 아니더라도 교양수업이나 특강에서도 사람을 사귈 수 있다. 우연히 옆 자리에 앉은 사람, 또는 가까워지고 싶은 사람이 있다면 자연스럽게 대화를 나눌 수 있다. 조별활동이나 스터디 등을 같이 하면서도 친해질 수 있다.

우정도 사랑도 직접 캐스팅하라

"누군가 운명처럼 저에게 다가와 주리라 믿어요."

혹시 인생이 드라마인 줄 착각하고 살지는 않으리라 믿는다. 당신은 드라마의 주인공이 아니며, 인생은 정글같은 현실이다. 그런 근본없는 믿음은 제발 변기에 넣고 내려버리자. 인생이라는 당신의 무대에서 주연과 조연을 멋진 사람들로 라인업하고 싶지 않은가? 우정도 사랑도 당신이 직접 캐스팅하라.

그렇다면 친구를 어떻게 사귀어갈까? 대학이라고 크게 다를 것이 없다. 당신은 초 · 중 · 고에서 친구 사귀기를 이미 마스터하였다. 겁먹을 필요없이 하던대로 하면 된다. 혹시나 대학생이 되어 달라진 환경 때문에 어떻게 관계맺어야 할지 혼란스럽고 가물가물하다면 다음의 방법을 참고해보자.

나는 대학 생활이 처음인데요

Step 1. 먼저 인사하기

대부분 '친구를 만들고 싶은데 말을 걸 용기가 없다'는 생각을 한다. 다르게 보면, 누군가 툭 인사하는 용기만 내주면 상대방은 기다렸다는 듯이 쉽게 마음을 여는 경우가 많다. 수업을 같이 들으며 옆자리에 앉은 사람이나 가까워지고 싶은 사람에게 가볍게 인사를 건네볼 수 있다.

"안녕하세요. 오늘 수업 너무 어렵지 않았어요? 저는 반 이상 놓친 것 같아요."

함께 공감할 만한 소재로 말문을 쉽게 열 수 있다. 참고로 가벼운 대화 소재로는 MBTI, 즐겨보는 콘텐츠(유튜브, 드라마 등), 맛집, 취미 등이 있다. 필자의 경우, 교양수업에서 만난 타과 학생에게 수업분위기 관련된 이야기를 건넸고, 이후에 조별과제도 함께 하였으며, 졸업한 지 한참 지난 지금까지도 친하게 지내고 있다. 온라인 수업이라면 채팅(DM)으로 말을 걸 수도 있고, 또는 SNS를 통해 안면을 트고 대화하다가 친해질 수도 있다.

먼저 말을 건다는 것은 내가 '을'이 된다는 뜻이 절대 아니며, 오히려 '용기 있는 멋진 사람'이 된다는 의미이다. 간단한 인사 한 마디의 용기만 내면, 이 덕분에 내게 큰 도움을 주는 친구, 마음을 나누는 친구, 인생 친구를 만들 수도 있다.

물론 종종 관계맺기를 거절하는 사람도 있을 수 있다. 거절은 나도 상대방도 할 수 있는 당연한 의사표현이다. 거절 자체를 두려워할 필요는 없다. 몇 번 경험하면 타격감이 모기만 못하다. 나 싫다는 사람에게 목맬 만큼 내 인생이 한가하지도 않다. 상대가 거절하면 속으로 '응, 나도 아니야'하고 넘어가면 된다. 관계에서는 '똥차 가고 벤츠 온다'는 명언을 기억하자.

Step 2. 사소하게 점차 스며들기

우리 몸도 인생도 사소한 것들로 이루어져 있다. 사람은 사소한 것 때문에 움직이고 가까워진다. 식구(食口)는 식사를 같이하는 사람이라는 의미에서 비롯되었다. 같이 식사하고 이야기 나누는 것은 사소해 보이지만 이 과정을 통해 사람은 자연스럽게 친해지게 된다. 대화를 나누며 얻은 정보들은 잘 기억했다가 이후에 다시 대화 소재로 삼고 활용한다. 생일이나 기념일, 사소한 사건, 친구가 의미있게 생각하는 것은 기억했다가 챙겨준다. 사람은 사소한 것으로 인해 감동한다.

"지난주에 영화봤다는 건 어땠어?"

"너 떡볶이 매니아라고 하지 않았나?"

대학생을 대상으로 한 조사에 따르면, 친구와 나누는 대화의 주제로는 진로에 대한 고민, 취미생활, 친구 관계에 대한 고민 등이 높은 순위를 차지했다.

특히 친구에게 어렵고 힘든 일이 있을 때 먼저 달려가서 도와주고 함께 하면 고마움으로 크게 기억된다. '결혼식은 못가도 장례식장은 꼭 가라'는 이야기가 괜히 있는 것이 아니다. 친구가 지금 도움을 필요로 한다면 오히려 한층 더 가까워질 수 있는 기회로 볼 수 있다.

친구에 대한 사소한 뒷담화를 들었다면 그 소문만 듣고 친구를 판단하지 않도록 주의하자. 뒷담화를 별것 아닌 것으로 여기고 나도 동조하면 괜히 오해를 사고, 나중에 나도 안줏거리가 될 수 있다. 그럴 때는 양쪽의 이야기를 다 듣고 신중하게 질 필요가 있다.

Step 3. 자기공개

어떤 사람은 상대방과 친해지기 위해 열심히 듣고 뭐든 맞춰준다. 상대의 이야기를 귀로 듣고, 마음으로 듣고, '아, 그랬구나'하면서 리액션 하며 듣는 것도 물론 필요하다. 그러나 상대와 친해지기 위해서 나를 숨기고 꾸며진 좋은 모습만 보이려고 하다보면 가까워지는데 한계를 느끼게 된다.

친밀함의 수준은 결국 '자기공개'의 수준이다. 자신을 공개하지 않는 사람과는 친해지기 어렵다. 맨날 시시콜콜한 대화만 하고 마음 속 이야기는 이중-삼중-패턴-지문인식 잠금으로 꼭꼭 숨겨두면 결코 마음을 나누고 가까워질 수 없다. 진솔한 나를 점차 공개하고 알려주며 서로를 알아가야 한다.

자기공개의 속도는 사람마다 차이가 있다. 빨리 친해지고 싶은 마음에 일방적으로 나를 다 보여주고 상대방도 빨리 다 오픈하기를 바라면 친구는 당황스럽고 나는 서운할 수 있다. 개인마다 마음을 열고 공개하는 속도가 다른 점을 생각하며 상대방과 페이스를 맞춰 갈 필요도 있다. 이 점은 우정도 사랑도 마찬가지이다. 결국 자신을 보여줘도 받아들이고 이해할 수 있는 사람과 더 가까워지게 된다.

Step 4. 우리 관계 포레버

처음에 친해질 때는 상대를 배려했지만, 가까워지니 이제는 종 부리듯 한다. 서로 격 없고 진솔되게 대하는 것도 좋지만, '당연한 것은 없다'는 점도 명심하자.

'친하니까 그냥 해주겠지, 이해해 주겠지'하며 친구에게 희생을 당연하게 요구하지 말자. 친한 사람인데도, 익숙해지다 보면 무례하게 함부로 대하기 쉽다. 혹여 다투더라도 상대의 약점을 건드리거나 선을 넘지 않도록 주의하자. 소중한 사람일수록 존중하도록 노력해야 한다.

친하니까 마음을 터 놓고 이야기할 수 있고, 때로 신세한탄도 할 수 있을 것이다. 그러나 상대방을 감정쓰레기통으로 만들지는 말자. 어느 순간 나도 소리없이 손절당할 수 있다.

친구는 서로 위로와 힘이 되는 관계이다. 친해진 후에도 우정을 평생 지켜가기 위해서는 여전히 존중과 배려가 필요하다는 사실을

나는 대학 생활이 처음인데요

잊지 말자. 세상에 당연한 것은 없다.

★ 13장 세 줄 요약 ★

1. 인싸족은 나를 존중하고 스스로 채울 줄도 알아야 한다.

2. 나홀로족은 행복과 성공의 중심에 '관계'가 있음을 기억하자.

3. '인사–사소한 이벤트–자기공개–존중'의 단계로 친구를 사귈 수 있다.

◀ 미션 13. 새 친구 사귀기 ▶

● 친해지고 싶은 사람이 있다면 4 Step에 따라 다가가보자.

14장

Z세대의
공부 여정

유행에 뒤처지기
싫어서 공부합니다

　공부의 방법도 진화한다. 인터넷상에서 유행하는 공부법 정보를 종종 보게 된다.

　'이순신 공부법'으로 나의 정답을 교수님께 알리지 않는다는 학생, '타노스 공부법'으로 딱 절반만 외운다는 학생, '올림픽 공부법'으로 참가하는 데 의의를 둔다는 학생, '호랑이 가죽 공부법'으로 시험지에 이름 석 자만 남긴다는 학생, '수박 공부법'으로 겉핥기식으로 첫 장과 마지막 장만 본다는 학생 등 우스갯소리가 많지만, 개중에는 한번 시도해 보고 싶은 신박한 공부 방법도 있다. 이번 장에서는 최근에 이슈가 되는 몇 가지 공부법을 제시하고 어디까지 따라 하고 소화해도 괜찮을지 함께 고민해 보고자 한다.

과몰입 빙의 공부법

'나는 아렌델의 공주다. 곧 이 왕국을 다스려야 한다. 백성들을 위하여 나는 오늘도 공부하고 있다. 통치에 필요한 이 지식을 열심히 익혀서 훌륭한 왕이 되어 좋은 회사에 취업…… 아니, 백성을 잘 다스리는 성군이 될 것이다.'

특정한 상황이나 역할에 몰입하여 콘셉트를 잡고 공부한다는 '빙의 공부법'이다. 읽기 싫은 책도 나라를 위해 꼭 봐야 하는 외교 문서라고 여기고, 영어 독해는 이웃나라가 보내온 서신이라고 생각한다. 경제학은 세금 제도를 위해서 사명감을 가지고 봐야 한다. 몰입을 위해 목걸이를 걸고 궁전의 사진을 보면서 공부하는 경우도 있다.

세상을 구하는 영웅으로 빙의하여 '빌런의 공격을 막고 지구를 구하기 위해 열역학 법칙을 익혀야 해!'처럼 빙의할 수도 있다. 그 밖에 드라마의 인물로, 또는 〈어벤져스〉나 〈해리포터〉 등 관심 있는 영화의 인물로 빙의할 수도 있다. 비슷한 콘셉트의 친구들끼리 모여서 공부하는 경우도 있다. 앞서 '난 공주니까 공부를 잘해야 돼'의 콘셉트로 공부하던 한 학생은 다른 공주 콘셉트의 친구를 발견하고 공주대회 라이벌로 여기며 공부해서 둘 다 좋은 성적을 냈다고 한다.

이 방법은 공부에 어느 정도 몰입과 재미를 줄 수 있을 것으로 보인다. 게임의 종류 중에 미미크리(Mimicry)라고 역할 놀이가 있는

데, 빙의 공부법은 특정 역할을 부여해 게임 같은 재미를 줄 수도 있다. 내가 몰입할 수 있는 역할이 있는 경우라면, 공부를 위해 그 상황을 마다할 이유는 없어 보인다. 리얼하게 상황 세팅을 한다면서 불필요하게 시간을 낭비하지만 않는다면 말이다.

ASMR 공부법

음식을 씹는 ASMR만 있는 것이 아니다. 공부를 위해 ASMR을 사용할 수도 있다. 필기 소리, 바람 소리, 화장실 환풍기 소리, 비 내리는 소리, 파도 소리, 귀뚜라미 소리 등 자신의 취향에 맞는 유튜브 영상을 틀어 놓고 공부하는 방법이다. 대학생들 중에서 약간의 소음이 있는 카페나 외부 장소를 선호하는 경우가 꽤 있는데, 이와 비슷한 흐름이라고 볼 수 있다.

자신이 편안하게 여기는 장소의 소리를 듣다 보면 심적으로 안정될 수 있다. ASMR 영상의 사운드는 일종의 백색소음이다. 한국산업심리학회에 따르면 백색소음은 집중력을 47.7%, 기억력을 9.6% 향상시키고, 스트레스를 27.1% 감소시키는 효과가 있다고 한다.

다만 전자기기를 통해 자연음이 아닌 디지털 사운드를 오래 듣다 보면 오히려 두통과 스트레스를 유발할 가능성이 있으며 볼륨이 큰 상태로 듣다 보면 청각을 해칠 수도 있으므로 주의해서 사용하자.

온라인 투게더: 열품타, 스터디윗미, 온라인 독서실

혼자 공부하면 집중이 깨지는 경우가 많다. 그렇다고 모여서 하자니 스터디를 만들고 이동하고 하는 게 귀찮다면 '온라인'으로 불특정 다수와 함께하는 공부도 가능하다.

'열정을 품은 타이머'와 같은 어플은 실행 중에 다른 앱을 사용하지 못하게 하는 스톱워치를 사용할 수 있다. 특히 그룹 기능을 이용하여 현재 누가 공부하고 있는지를 확인할 수 있다. 실시간으로 다른 사람들의 공부 시간과 내 공부 시간을 비교할 수도 있고 공부 순위표도 공개되어 경쟁심을 통해 동기를 유발한다.

다른 사람이 공부하는 모습을 보면서 공부하는 경우도 있다. 몇몇 유튜버들이 공부하는 모습만 올렸는데도 많은 학생들이 공부할 때 플레이한 경우가 있었다. 물론 인물이 좋아서 본 경우도 있겠지만 말이다. 이런 방식은 '스터디윗미(study with me)'와 같은 실시간 유튜브 방송으로 진화하였다. 공부하는 누군가를 보며 실시간으로 함께 집중해서 공부한다. 서로의 모습을 다 함께 볼 수 있도록 줌(ZOOM) 등의 온라인 플랫폼을 활용하여 '온라인 독서실'을 운영하기도 한다. 세계 각국 사람들이 참여하는 국경 없는 온라인 독서실 '스터디 스트림(study stream)' 등을 이용할 수도 있다.

이런 공부 방법은 신박하면서도 효과가 괜찮아 보인다. 혼자 공부하면 외롭고 딴짓에 빠지기 쉬운데, 눈앞에서 누군가 공부하고 있는 모습이 보인다면 경쟁심도 생기고 딴짓을 하기도 어려운 상황이 되어 자연스레 공부하는 분위기가 조성될 수 있다. 다만 접속해서 갑자기 떠들거나 춤을 추는 등 관종과 민폐 빌런들도 종종 있으니 주의하자.

SNS 공부 계정 파기

공부에 대한 기록과 정보 교환의 목적으로 일상을 올리는 개인 계정과 다른 별도의 SNS 부계정을 개설하는 경우도 있다. 예컨대 공스타그램(공부+인스타그램)에는 자신의 공부 계획 성취도나 필기한 노트 등을 공유한다. 앞서 3장에서 살펴본 계획과 시간 기록을 SNS에 남겨서 어필하고 팔로워들에게 응원을 받는 식이다.

이와 비슷하게 대외 활동 계정을 따로 파는 경우도 있다. 사회적인 활동, 공모전 수상, 학업 성취, 인턴이나 서포터즈 모집 등의 대외 활동 게시글을 올리며 서로 응원하고 자극을 받는다. 축척된 자료는 대외 활동이나 취업에서 자신을 어필하기 위하여 보조적으로 활용되기도 한다.

학업과 대외 활동 관련 SNS 부계정을 만들어 운영하면, 나만의 포트폴리오를 알릴 수 있고 성취를 보고 서로 응원하며 동기부여를 받을 수도 있다. 다만, 팔로워를 만들고 SNS를 운영하는 데 지나치게 많은 시간이 소요되지 않도록 조절할 수 있어야 하겠다.

나는 대학 생활이 처음인데요

학교 수업을 넘어 석학과 경영인의 강의 무료로 듣기

국내 유명 석학들과 세계적인 경영인들의 강의를 돈 한 푼 안 들이고 '무료'로 들을 수 있다! 온라인 공개수업인 'MOOC'에서는 세계 각국의 공개수업을 온라인으로 들을 수 있다. 코세라(Coursera)에서는 스탠포드대학교 등 해외 유명 대학과 아마존을 비롯한 여러 기업의 온라인 강의도 수강할 수 있다.

한국형 공개수업은 'K-MOOC'나 'KOCW' 사이트를 이용하여 볼 수 있다. 전국 각지 교수님들이 다양한 주제로 올린 강좌들이 무료로 제공된다. 이러한 공개수업들은 수강 완료 시 수료증이 제공되는 경우도 있다.

국가 학습포털 '늘배움'에서는 평생교육 정보와 각종 직업, 교양 관련 강좌들을 무료로 볼 수 있다. 그 밖에 경기도 평생학습포털 'GSEEK' 등 지역 포털도 있다. 온라인 교육이 도처에 활성화되어 있어서, 당신은 마음만 먹으면 우리 대학을 넘어서 지식의 영역을 전국으로, 또 세계로 넓혀 갈 수 있다.

답 없는 곳에서
답을 찾는 여정

대학에서의 공부는 단순히 학점만을 위한 것이 아닌 사회생활을 위한 준비 과정이다. 우리는 대학을 졸업하고 사회에서 활동하게 된다.

우리가 일하게 될 미래는 어떤 모습일까? 경영학의 아버지로 불리는 피터 드러커는 '미래에 대해 알 수 있는 것은, 미래는 알 수 없다는 점과 미래는 현재 기대와 상황과는 매우 다를 것이라는 사실이다.'라고 하였다. 한마디로 위대한 석학도 '모르겠다, 노답이다'라고 한다는 것이다.

예측이 어렵고 불확실성이 가득한 상황 속에서 우리는 어떻게 답을 찾아가야 할까?

미래는 내일처럼 찾아온다

독일 베텔스만재단의 '2050년 노동의 미래' 보고서에 따르면, 미래에는 자동화될 수 있는 모든 것이 자동화되고 인공지능에 학습 능력이 더해지며 실업률이 높아진다고 예측하였다. 확정된 고용 관계는 줄고 독립적인 형태와 프리랜서의 형태가 확산되며 직업 변경도 잦아질 수 있다고 보았다. 미래학자 토머스 프레이는 2030년에 경제 활동을 시작하는 사람의 경우 평생 동안 8~10개 직업을 바꿔 가면서 일하게 될 것이라고 전망하였다.

인공지능과 로봇 기술 등 미래에 대한 이야기를 듣다 보면 장밋빛이라기보다는 어둠의 세계가 펼쳐질 것만 같다. 지금도 헬조선이라는데 앞으로는 탈조선, 아니 탈지구를 해야 하나 싶어진다. 그러나 변화 속에는 위기와 기회가 함께 숨겨져 있다. 시대를 읽고 필요한 전문성을 갖춘 사람에게 미래는 기회의 땅이 될 것이다.

"오늘 대학 생활만 잘하면 되지, 그렇게 미래까지 고민해야 하나요?" 미안하지만 고민해야 한다. 변화는 당신의 생각보다 더 빨리 찾아온다. 내일이 머지않았듯이 미래도 그렇게 찾아온다.

좁은 시야를 주의하라

당신은 특정 전문분야를 파고드는 '스페셜리스트(Specialist)'가 될 수도 있고, 다양한 분야를 포괄하는 '제너럴리스트(Generalist)'가 될수도 있다. 제너럴리스트라면 다양한 분야를 폭넓게 보고 통합적으로 이해할 수 있어야 하며 계속되는 변화를 따라잡아야 한다. 한마디로 '선 넘는 녀석들'이 되어야 하는 것이다.

한 분야의 '덕후'라 할 수 있는 스페셜리스트일 경우에도 전공 분야의 새로운 지식과 기술을 습득하며 업데이트해야 한다. 전문 분야가 있지만, 시간이 지나며 누구나 리더가 되기 때문에 지식과 경험의 범위를 어느 정도 넓혀 갈 필요도 있다. 사회생활을 준비하며 나의 커리어를 어떤 방향으로 레벨 업 할지 고민해 나가야 한다.

나에게 맞춰 콘텐츠를 제공해 주는 시대라서 고객의 입장에서는 편리하다. 유튜브만 해도 내 취향을 소름 끼치게 꿰뚫고 추천 영상을 제공해 준다. 그러나 세상을 일부만 보고 배움의 안목을 좁히는 학습은 때로 위험할 수 있다.

시대가 필요로 하는 지식과 기술이 수시로 바뀌고 있으므로 우리는 배움의 눈을 뜨고 변화를 감지할 수 있어야 한다. '내가 아는 것은 지식의 한 퍼즐 조각에 불과하다'는 전제를 가지고 배워 가자. 전공 지식은 물론, 전공 분야 외의 책과 콘텐츠도 접하며 선을 넘어보자. 기존에 알고 있던 내용은 비판적으로 생각해 보고 다른 측면도 살펴보자. 익숙한 것만 보고 새로 배우기를 게을리하면, 눈 떠보니 나 빼고 다 서버이전, 나 빼고 다 줄타기, 나 빼고 다 부자인 벼랑 끝의 상황일 수 있다. 당장 발등의 불만 끄지 말고, 나의 미래를 위해 무엇을 배워야 할지 고민해 보자.

　　　　　　　나는 대학 생활이 처음인데요

사회생활과 미래를 생각할 때 대학 공부의 의미는?

사회에서는 바로 활용할 수 있는 실용적인 지식을 원한다. 대학에서 배운 내용 이상의 복잡하고 현실적인 문제들을 풀어 가야 할 뿐만 아니라, 교과서에 나오지 않는 용용과 활용을 요구하기도 한다. 대학에서 배운 이론과 실제 간에 다소 차이가 있다는 점을 보면, 어떤 학생은 '뭐야, 대학 공부를 어디에 써먹지?' 하는 생각이 들지도 모르겠다.

용용과 활용은 어디에서부터 나올까? 무(無)에서 나오지는 않는다. 요리의 기본도 모르면서 '나만의 요리'를 만들고 맛집으로 대박 날 수는 없다. 기본적인 지식도 숙지되어 있지 않은 상태에서, 매번 기초부터 검색해 가며 창의적으로 활용하기를 기대하기는 어렵다.

대학 공부는 당신에게 그런 기본기를 제공한다. 대학생 때 '나'에 대해 고민하며 자신을 이해하고 이를 바탕으로 미래를 그리게 해 준다. 전공 공부를 하며 내 분야의 기초를 튼튼히 하고, 대학 과제와 시험을 통해서 사회에서의 실전 보고서와 발표, 팀플 등을 미리 경험하고 익힐 수 있다. 미래 사회에서 요구하는 창의력, 소통 능력, 비판적 사고, 협업 능력[6]의 소프트스킬도 대학 생활을 통해 훈련할 수 있다.

....

6 교육전문가 찰스 파델, 버니 트릴링은 '미래 사회의 핵심 역량 4C'로 창의력(creativity), 소통 능력(communication), 비판적 사고(Critical thinking), 협업 능력(collaboration)을 제시하였다.

대학에서 단순히 학점만을 취득하려고 한다면 대학 공부를 통해 얻는 것이 기대보다 많지 않게 느껴질 수도 있다. 그러나 두 눈을 부릅뜨고 정신 챙겨서 지금을 기회로 여기고 적극적으로 참여하며 배워 간다면, 어느새 당신은 미래의 포털을 여는 빛나는 고렙의 지성인이 되어 있을 것이다.

배움은 대학 이후에도 To be continued

하버드대 새뮤얼 아브스만은 '지식의 반감기'를 제시하였다. 지식에도 유효기간이 있으며 디지털 시대에는 지식의 수명이 더욱 짧아져 사회에 나갈 때가 되면 학교에서 배운 내용의 가치가 없어질지도 모른다고 하였다.

대학 졸업 후에 '이제 배움에서 졸업입니다'라고 했으면 좋겠지만, 우리 앞에는 '처음입니다 시즌 2'인 '사회생활은 처음입니다'가 기다리고 있다. 역사상 가장 변화가 빠른 시대에 살고 있는 우리에게 배우고 익혀야 하는 내용은 또 나타날 것이다. 심지어 무엇을 배워야 할지부터도 스스로 찾아내야 한다.

어플이나 게임이 업데이트되지 않으면 금세 외면받듯이 우리도 자기 자신의 버전이 지속적으로 업데이트되도록 사는 내내 배워 가야 한다. 평생 써먹는 그 배움의 기술을 대학생 때 확실히 내 것으로 만들어 놓자!

★ 14장 세 줄 요약 ★

1. 트렌디한 나만의 공부법을 만들어 보자.

2. 내일처럼 다가올 미래를 대비하는 공부를 하자.

3. 졸업 후에는 '사회생활은 처음입니다'가 시작되므로, 배움의 기술을 대학생 때 확실히 익혀 두자.

────────

◀ 미션 14. 내가 꿈꾸는 로망 ▶

● 당신이 이루고 싶은 미래의 모습은 어떠한가? 졸업 후 당신이 이루고 싶은 로망의 모습을 적어 보자.

'나는 대학 생활이 처음인데요'의 여정은 여기까지다. 긴 여정을 함께하시느라 너무 고생 많으셨다. 진심으로 감사드린다.

평생 배우는 것이 우리의 운명이다. 그 과정에서 이 책의 공부 방법들은 당신의 업데이트를 한결 편하게 도와줄 것이다. 공부법을 배워서 안다는 것은 2G급 학습 속도를 5G, 6G급으로 높일 수 있다는 의미이다. 어떤 내용을 마주해도 휘뚜루마뚜루 정복해 갈 수 있다.

이 책은 당신의 대학 생활 여정을 돕기 위해 준비했지만, 평생 배움의 여정을 걸으면서 언제든지 다시 들여다보기 바란다. '배움의 기술'을 리마인드하면서 이를 토대로 당신에, 당신에 의한, 당신을 위한 최적의 공부법을 만들어 가자. 공부의 내공을 기반으로 당신이 꿈꾸는 소중한 로망을 손에 잡히는 생생하고 아름다운 현실로 만들어 가길 응원한다.

후기 이벤트 페이지

　이 책과 함께한 여정의 소감을 남겨 주시면 대학 공부와 자기 관리의 꿀팁이 되는 '대학생 든든 키트(선물 4종)'를 받을 수 있다. 후기는 '에브리타임' 학교 게시판이나 SNS(인스타그램, 블로그, 유튜브) 또는 온라인서점 중 어느 곳에 올려주셔도 된다. 한 곳에만 올려도 4종 세트를 모두 받을 수 있다. 후기 작성시 적절한 #태그와 함께 올려주시면 좋다.

　① A+ 리포트 가이드북(예문 분석 & AI 활용법)(PDF)
　② 시간 관리 양식지 세트 (EXCEL, PDF)
　③ 멘토의 중·장기 목표 설정 및 달성 기록(PDF)
　④ 스피치 훈련 미니 가이드북(PDF)

　이벤트 페이지에 비밀댓글로 작성한 후기의 '링크'나 '스샷'을 달아주시면 '대학생 든든 키트 4종 세트'를 받으실 수 있다.

• 대학 생활 참고 사이트 •

대학 공부와 생활에 유용한 앱과 사이트를 정리해 보았다. 나의 취향에 맞는 도구를 활용해 보자.

유용한 앱

① 시간 관리: 에브리타임, 시간표 타임스프레드, 투두 메이트, TimeBlocks, 워크플로위

② 대외 활동, 취업 정보: 링커리어, 캠퍼스픽, 아이캠펑

③ 문서: 폴라리스 오피스(스마트폰 문서 확인), 캠스캐너(문서 스캔 및 PDF 변환)

④ 협업: 구글드라이브/문서, 노션, 패들렛

⑤ 영어 공부: TED, 산타토익, 듀오링고, HelloTalk

⑥ 온라인 수업: ZOOM, Google Meet, Webex(대학에서 쓰는 툴 위주로 사용)

⑦ 온라인 무료 강의: K-MOOC, Coursera, GSEEK, KOCW(PC), 늘배움(PC) 등

나는 대학 생활이 처음인데요

리포트 작성 관련

① RISS / www.riss.kr

  – 학위 논문, 강의 자료 등 열람

② Dbpia / www.dbpia.co.kr

  – 학술대회 자료, 전문 잡지 등 열람

③ 국회도서관 / nanet.go.kr

  – 입법 정보, 학술 정보 열람

④ 국가통계포털 / www.kosis.kr

  – 다양한 분야의 통계 자료 제공

⑤ 통계청 / kostat.go.kr

  – 통계 간행물 및 데이터베이스 제공

⑥ 한국갤럽 / www.gallup.co.kr

  – 사회, 문화 등 설문 조사 열람

⑦ 오픈오피스 / www.openoffice.org

  – 워드, 파워포인트, 엑셀 등이 설치되지 않았을 시 사용 (Eng)

⑧ 우수 리포트 / https://s-space.snu.ac.kr/handle/10371/10650

  – 구글에서 '서울대 우수리포트 공모대회 수상작'으로 검색해도 나옴

※ ①~③번 등 논문 검색은 대학교 도서관 홈페이지 로그
   인 후에 홈페이지 내에 있는 해당 링크 클릭으로 접속

발표 자료 작성 관련

① 슬라이드 쉐어 / www.slideshare.net

　– 세계 최대의 PPT 공유 사이트

② 프레젠테이션 매거진 / www.presentationmagazine.com

　– 7만여 개의 PPT 템플릿

③ 노운프로젝트 / thenounproject.com

　– 픽토그램, 아이콘

④ 플래티콘 / www.flaticon.com

　– 인포그래픽, 아이콘

⑤ 아이콘파인더 / www.iconfinder.com

　– 다양한 아이콘

⑥ 픽사베이 / pixabay.com

　– 무료 이미지, 사진

⑦ 언스플래쉬 / unsplash.com

　– 무료 이미지, 사진

⑧ 픽슬러 / pixlr.com/editor

　– 무료 웹 포토샵

⑨ 어도브 컬러 / color.adobe.com

　– 색 조합

나는 대학 생활이 처음인데요

필자가 운영하는 자기 계발 사이트

① 유튜브 '윔스피치'

    – 효과적인 학습법 및 스피치 관련 팁

② 네이버 카페 '윔스피치'

    – 스피치, 영어 회화, 독서 등의 자기 계발 스터디

③ 클래스유 강좌 '척 말고 진짜 말'

    – 온라인 스피치 강좌

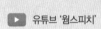 유튜브 '윔스피치'

네이버 카페 '윔스피치' ▼

감사의 글

배움과 성장의 여정을 담은 이 책은 존경하는 여러 스승님들 덕분에 탄생할 수 있었다. 먼저 대학생이었던 필자가 방황하며 게임 폐인, 방구석 여포로 있을 때조차 믿고 지지해 주신 부모님께 감사의 인사를 드린다.

지식과 능력이 부족하고 모자란 필자를 사랑으로 지도해 주신 서울대학교 김진모 교수님께 감사드린다. 박사 과정을 잘 밟을 수 있도록 가르침과 배움의 길을 보여 주신 서울대학교 정철영 교수님, 나승일 교수님, 이찬 교수님, 정진철 교수님, 최수정 교수님, 전영욱 교수님, 이재은 교수님께 감사드린다. 따뜻한 HRDer로 설 수 있도록 지도해 주신 연세대학교 장원섭 교수님, 박재현 교수님께도 감사드린다. 함께 배우고 성장하는 즐거움을 허락해 주신 석·박사 과정의 동기들과 선·후배 선생님들께도 감사의 인사를 드린다.

빛나는 추천사를 허락해 주신 서울대학교의 김진모 교수님과 민혜리 교수님, 연세대학교 장원섭 교수님, 경희대학교 김상균 교수님, 숭실사이버대학교 이호선 교수님, 부산대학교 류광열 교수님, 신구

나는 대학 생활이 처음인데요

대학교 백재은 교수님, 상지대학교 이재은 교수님, 영남이공대학교 황재규 교수님께는 이 책에 쓰인 글자 수만큼 거듭 감사드린다.

필자가 대학생들을 교육으로 만날 수 있도록 기회를 주신 200여 개 대학교의 교수님과 연구원님, 담당자님들께도 깊은 감사를 드린다. 교수학습센터와 공학혁신센터, 상담센터, 입학처 등 여러 부서에서 대학생들의 성장을 위해 누구보다 진심으로 일하시고 계신다. 대학생분들도 부디 대학 내에 있는 이런 '진심 센터'들을 마음껏 활용하시기 바란다. 대학생 업데이트에 부스터를 달게 될 것이다.

멘토의 입장에서 자기 관리와 학습법을 지도했지만, 필자 역시 대학생분들로부터 많이 배웠다. 신박한 아이디어와 생생한 대학생의 현실 이야기 덕분에 강사로서의 감각을 잡을 수 있었고, 때로는 돌직구 피드백을 날려 주신 덕분에 정신줄을 잡고 강의를 개선해 갈 수 있었다. 필자가 강사로 섰지만 가르친다는 것은 사실 페이크였고, 오히려 배움의 시간이었다. 필자가 만난, 또 앞으로 만날 대학생분들께 감사드린다. 대학 생활을 알차게 보내시고 소중한 소망을 이루시길 진심으로 응원한다.

필자가 대학교 강의를 통해 만난 모든 분들이 감사하지만, 한 분 한 분 성함을 호명하지 못하여 송구하고 아쉬운 대로 찾아뵈었던 대학교들의 이름이나마 적어 본다. 강의를 통해 필자가 열정과 보람을 느끼며 '존재의 가치'를 느낄 수 있도록 기회를 주신 모든 분들께 고개 숙여 감사드린다.

(가나다순) 가야대, 가천대, 가톨릭관동대, 강남대, 강릉원주대, 강원대, 거제대, 건국대, 건양대, 경기과학기술대, 경기대, 경남대, 경동대, 경복대, 경북대, 경북도립대, 경북보건대, 경상대, 경성대, 경일대, 경주대, 계명대, 계명문화대, 고려대, 고려사이버대, 공주대, 광운대, 광주보건대, 구미대, 국민대, 군산대, 금오공과대, 김천대, 김해대, 남부대, 남서울대, 단국대, 대구가톨릭대, 대구과학대, 대구대, 대구보건대, 대구한의대, 대전대, 대진대, 덕성여대, 동국대, 동덕여대, 동명대, 동서울대, 동신대, 동아대, 동원과학기술대, 동원대, 동의대, 동주대, 루터대, 마산대, 명지전문대, 목원대, 목포가톨릭대, 목포과학대, 목포대, 목포해양대, 문경대, 방송대, 배재대, 백석문화대, 부경대, 부산가톨릭대, 부산대, 부산디지털대, 부산외국어대, 부천대, 삼육대, 삼육보건대, 상명대, 상지대, 서강대, 서경대, 서울과학기술대, 서울기독대, 서울대, 서울시립대, 서원대, 서일대, 선린대, 성결대, 성공회대, 세명대, 세한대, 송호대, 수성대, 수원대, 숙명여대, 순천대, 순천제일대, 순천향대, 숭실대, 숭의여대, 신구대, 아신대, 아주대, 안동과학대, 안동대, 안산대, 안양대, 연세대, 연암대, 영남대, 영남이공대, 영진전문대, 예원예술대, 우송대, 울산과학대, 울산대, 위덕대, 유원대, 유한대, 을지대, 인덕대, 인제대, 인천대, 인천재능대, 인하공업전문대, 인하대, 장안대, 전남과학대, 전남대, 전북대, 제주대, 조선대, 조선이공대, 중부대, 중앙대, 중원대, 진주보건대, 창신대, 창원대, 청암대, 청운대, 청주교대, 청주대, 추계예술대, 충남대, 충북대, 충북보건대, 한국공학대, 한국교통대, 한국기술교육대, 한국농수산대, 한국영상대, 한국외국어대, 한국전문대학협의회, 한국체육대, 한국항공대, 한국해양대, 한남대, 한라대, 한림대, 한림성심대, 한밭대, 한서대, 한성대, 한세대, 한신대, 한양대, 한양여대, 한영대, 협성대, 호남대, 호서대, 호원대, 홍익대, KC대

나는 대학 생활이 처음인데요

"저도 노력하고 싶지만 제 능력이 부족합니다."

필자가 대학생 때 가지고 있던 마음이었다. 그런데도 석·박사 과정을 밟고 지금까지 계속 연구하고 공부할 수 있었던 것은, 여러 스승님들의 도움 덕분이었다. 특히 필자가 가장 사랑하는 성현 '공자'의 이 말씀이 계기가 되었다.

> "너는 시작도 해 보지 않고 미리 선을 그어 놓고 물러나 있구나."
> - 『논어』「옹야편」中

대학생인 당신은 반드시 지금보다 더 성장하고 더 잘되고 더 행복해질 수 있다. 지레 겁먹고 포기하지 말고 스스로에게 기회를 준다면, 감사하고도 행복한 성장을 맛보리라 확신한다. 감사한 스승님들께 보답할 수 있도록, 필자도 스스로를 가두지 않고 선을 넘고 한계를 넘는 열정으로 배워 가겠다. 강의를 통해 누군가에게 다시 시작하는 계기와 기회를 선사해 드릴 수 있도록 앞으로도 빛나는 배움의 여정을 이어 갈 것이다.

2024년 2월
존경하는 스승님들께

장한별 올림